[基金项目] 广西本科高等教育改革工程项目 2020 年度一般项目 A 类课题：
基于 OBE 理念的卓越财务管理专业人才培养模式研究，课题编号：2020JGA365
[基金项目] 南宁学院 2022 年校级科研项目：业财融合财务咨询与培训，
课题编号：2022HX36

U0656597

数字经济时代企业智能财务的构建与应用研究

陆秀芬　著

天津出版传媒集团

天津科学技术出版社

图书在版编目（CIP）数据

数字经济时代企业智能财务的构建与应用研究 / 陆秀芬著. -- 天津：天津科学技术出版社, 2022.9

ISBN 978-7-5742-0471-3

Ⅰ. ①数… Ⅱ. ①陆… Ⅲ. ①企业管理 – 财务管理 – 资源共享 – 研究 Ⅳ. ①F275 – 39

中国版本图书馆CIP数据核字(2022)第151564号

数字经济时代企业智能财务的构建与应用研究

SHUZI JINGJI SHIDAI QIYE ZHINENG CAIWU DE GOUJIAN YU YINGYONG YANJIU

责任编辑：张　萍

责任印制：兰　毅

出　　版：天津出版传媒集团
　　　　　天津科学技术出版社

地　　址：天津市西康路35号

邮　　编：300051

电　　话：（022）23332490

网　　址：www.tjkjcbs.com.cn

发　　行：新华书店经销

印　　刷：定州启航印刷有限公司

开本 710×1000　1/16　印张　13.5　字数　230 000

2022年9月第1版第1次印刷

定价：78.00元

前　言
preface

近几年，大数据、云计算以及各种互联网应用技术不断发展，人们将其称为新兴信息技术，从本质上看，这些信息技术是以人工智能系统为核心的知识生成和策略创建技术。人工智能从诞生以来，理论和技术日益成熟，应用领域也在不断扩大，2017年相继被引入会计、税务、审计等工作中，随之对企业财务变革产生了巨大的影响。目前，越来越多的公司在转型的过程中重视将人工智能技术和财务管理相结合，智能财务应运而生。

智能财务对传统财务工作进行模拟、延伸和拓展，以改善会计信息质量、提高会计工作效率、降低会计工作成本、提升会计合规能力和价值创造能力，促进企业财务在管理控制和决策支持方面的作用发挥，通过财务的数字化转型推动企业的数字化转型进程。

财务智能化的过程中，计算机技术就能够替代一些基本的核算工作。同时，财务智能化能够优化财务管理工作，从原本繁杂的财务管理中获取基本的数据和工作模式，实现智能化，减少企业的成本投入，提高财务管理的质量。智能化的财务管理可以及时监控企业的财务风险，规避基本的风险问题。财务智能化的基本模式是固定的，所以在正常的运行下能够实现财务管理的低成本化和标准化。在市场竞争环境发生变化的时候，财务智能化本身的工作程序能快速有效地进行调整，弥补财务工作的短板。

本书共五章：第一章简要阐述了数字经济时代企业智能财务的基本理论；第二章基于财务共享模式分析了财务管理工作的自动化与智能化

方案；第三章主要介绍了企业财务分析及决策的智能化解决方案；第四章从技术的角度分析了企业财务工作中典型智能技术的应用场景；第五章分析了企业智能财务建设过程中财务组织的优化策略及智能财务共享中心的运行与管理，以保障智能财务的正常运行。

由于作者研究水平有限，书中难免存在不足和局限，敬请读者在阅读时给予批评与指正。

南宁学院商学院、南宁学院商业创新＋
数字经济技术与应用联合实验中心　　陆秀芬

目 录

contents

第一章　数字经济时代企业智能财务概论

第一节　数字经济概述

目前，以信息技术为代表的高新技术突飞猛进，以信息化和信息产业发展水平为主要特征的综合国力竞争日趋激烈。数字经济对经济发展和社会进步带来的深刻影响，引起了世界各国的普遍关注。如今，各个国家都十分重视数字经济的发展，把加快推进信息化作为经济和社会发展的战略任务。

一、数字经济的起源发展与内涵

数字经济是继农业经济、工业经济之后一种全新的经济社会发展形态，不同时期、不同学者或机构对数字经济的定义并不相同，目前还没有统一的定论。从字面意思上来理解，数字经济就是在数字技术的基础上形成的经济，是数据信息在网络中流行而产生的一种经济活动。大多数专家们认为，数字经济是指一个经济系统，在这个系统中，数字技术被广泛使用并由此带来了整个经济环境和经济活动的根本变化。数字经济也是一个信息和商务活动都数字化的全新的社会政治和经济系统，企业、消费者和政府之间通过网络进行的交易迅速增长。

（一）数字经济概念的起源与发展

数字经济（digital economy）的概念可以追溯到加拿大学者泰普斯科特（Tapscott）1995 年出版的《数据时代的经济学——对网络智能时代机遇和风险的再思考》和美国学者尼葛洛庞帝（Negroponte）1996 年出版的《数字化生存》，两位学者深入研究了互联网的出现对经济社会的冲击与影响。泰普斯科特首次提到数字经济时代，并前瞻性地提出了各行业企业数字化转型的路线图，包括数字化创意开发、数字化流程实施、数字化产品设计、数字化制造和营销、数字支持型产品销售等方法。尼葛洛庞帝提出了数字化生存是以信息技术为基础的新的生存方式，在数字化环境中，生产力要素的数字化渗透、生产关系的数字化重构、经济活动的全面数字化等呈现出一种全新的社会生活方式。即使在今天，我们也能够感受到两位学者对数字经济相关研究的前瞻性和洞察力。

但是，数字经济发展真正进入黄金时代，离不开智能手机和移动互联网的出现与快速渗透，伴随着移动接入端的快速膨胀，全球范围内的网络连接产生了巨大的数据量，催生了云计算、大数据等海量数据分析技术及处理平台，对经济社会发展中产生的海量数据进行分析和提炼，形成有价值的知识，然后在经济社会发展中使用，产生了大量的新业态、新模式，这可以统称为"数字经济"。

英国研究委员会认为，数字经济是通过人、过程和技术发生复杂关系而创造社会经济效益。[①] 在数字经济中，数字网络和通信基础设施可提供一种全球化的平台，促进个人和组织的相互交往、通信、合作和信息分享。英国政府为了实现本国数字经济的健康发展，在 2010 年 4 月 8 日颁布并实施了《数字经济法 2010》，将音乐、游戏、电视广播、移动通信、电子出版物等列入数字经济的范畴。

澳大利亚政府将数字经济视为促进生产、提高国际竞争地位，以改善社会福利的必然选择。《澳大利亚的数字经济：未来的方向》认为，数字经济是通过互联网、移动电话和传感器网络等信息和通信技术实现经济和社会的全球性网络化。澳大利亚政府在《数字产业指南》中将内容

---

① 逄健，朱欣民．国外数字经济发展趋势与数字经济国家发展战略 [J]．科技进步与对策，2013，30（8）：124-128．

制作、数字咨询或专业服务、数字／广告公司、多媒体、流媒体服务、搜索技术、社交媒体等 24 个产业部列入了数字经济范畴。

2016 年 9 月，G20 杭州峰会公布《G20 数字经济发展与合作倡议》，其对数字经济的定义是"以使用数字化的知识和信息作为关键生产要素、以现代信息网络作为重要载体、以信息通信技术（ICT）的有效使用作为效率提升和经济结构优化的重要推动力的一系列经济活动"。

综合国际社会关于数字经济概念的研究成果，以及信息通信技术融合创新发展的实践，数字经济是全社会信息活动的经济总和。理解数字经济有三个关键词：①信息是一切比特化的事物，是与物质、能量相并列的人类赖以利用的基本生产要素之一；②信息活动是为了服务于人类经济社会发展而进行的信息生成、采集、编码、存储、传输、搜索、处理、使用等一切行为以及支持这些行为的 ICT 制造、服务与集成；③信息活动具有社会属性、媒体属性和经济属性，我们所讲的数字经济关注的信息活动的经济属性是信息活动的经济总和。

（二）数字经济的内涵

1. 数字经济是一种经济社会形态

数字经济是继农业经济、工业经济之后的一种新的经济社会发展形态，我们要站在人类经济社会形态演进的历史长河中看待数字经济的长远影响。

2. 数字经济是一种基础设施

数字经济不仅仅在技术层面和工具层面，而且是一种网络化的基础设施，像工业时代建立在电力、交通等物理基础设施网络之上一样，未来经济社会发展会建立在数字基础设施之上，传统基础设施在物联网技术支撑下也会全面实现数字化，进入万物互联时代。

3. 数字经济是一种技术经济范式

从科学技术发展史看，数字技术是与蒸汽机、电力同等重要的"通用目的技术"（GPT），必然会重塑整个经济和社会。数据将成为最重要的生产要素，重构各行各业的商业模式和盈利方式，未来所有产业都是数字化产业，所有企业都是数字化企业。

二、数字经济的基本特征

数字经济受到三大定律的支配。第一个定律是梅特卡夫法则（Metcalfe's law）：网络的价值等于其节点数的平方。所，网络上联网的计算机越多，每台计算机的价值就越大，"增值"以指数关系不断变大。第二个定律是摩尔定律（Moore's law）：计算机硅芯片的处理能力每18个月就翻一番。第三个定律是达维多定律（Davidow's law）：进入市场的第一代产品能够自动获得50%的市场份额，所以任何企业在本产业中必须第一个淘汰自己的产品。实际上，达维多定律体现的是网络经济中的"马太效应"。这三大定律决定了数字经济具有以下五个基本特征。

（一）数字化

数字化即以二进制的形式来表示和处理信息，将包括文字、图片、视频、声音等在内的诸多信息转化为计算机能够读取、处理和传输的二进制代码。20世纪中叶，计算机的发明标志着数字化的起步，这一时期主要的商业模式是芯片生产和制造、计算机生产和制造、操作系统开发、相关软件开发等，代表公司为IBM、微软、英特尔。虽然如今大部分信息都能以数字化的形式表示，但数字化的进程远未结束，还有大量信息和设备游离在数字系统之外。

在共享时代，为促进数字经济发展，必须通过延伸共享经济领域，推动传统产业向数字化转型，从而利用数字技能推动共享经济与数字经济的深度融合创新。鼓励共享经济深度发展，拓宽应用领域，为与数字经济融合提供条件。伴随信息技术尤其是"互联网+"的发展，共享经济模式成为创业首要选择，从餐饮住宿、金融借贷、交通出行、医疗保健到房屋租赁、科研实验、创意设计等，在更多领域与数字经济开展融合，可以促进共享经济和数字经济的双向发展。

（二）网络化

网络化即通过网络通信技术实现人与人、人与物、物与物之间的实时连接。21世纪60年代末，阿帕网的诞生标志着网络化的萌芽，20世纪 90 年代以后互联网的全球普及为数字经济发展构筑了至关重要的基础设施。全球网络空间治理体系要想实现深度变革，离不开数字经济。换句话说，准确的定位和聚焦于数字经济，就回答了推进全球网络空间治理体系变革是为了什么的问题，即以数字经济为驱动力，推动网络空间开放、合作、交流、共享，让互联网更好地助力经济发展、社会进步、生活改善，做到发展共同推进、安全共同维护、治理共同参与、成果共同分享。

（三）智能化

2015 年以来，人工智能研究在多个领域实现突破，数字经济进入以智能化为核心的发展阶段。目前，其商业模式还主要集中在单一的弱人工智能应用上，包括语音识别、自动驾驶、机器人写稿、图像识别、医疗辅助等诸多领域，代表性公司有谷歌、百度、科大讯飞、阿里巴巴、苹果、NVIDIA 等。未来，智能化技术发展将对数字经济发展产生质变效应，推动人类生产生活方式的新变革。

利用共享时代的优势，加快传统企业的数字化转型，将是未来所有企业的核心战略。在共享时代，应利用个人、企业、政府甚至社会的闲置资源，依靠互联网、大数据、云计算等数字技能，推动传统企业向数字化转型发展。传统企业依靠"互联网 + 企业"的模式，应用数据化思维，建立连接内外资源、协作共享的机制，通过建立数字化的协同平台以及资源、财务、法务共享平台，实现互联互通，做到精细化管理，最终实现传统企业的智能化发展。

（四）商业化

数字经济将会对众多产业造成颠覆性影响，传统商业模式已不能满足需要，因此未来必须重新构建商业模式。在共享时代，数字资源的"共享价值"超过了"交换价值"、社会资本将会与金融资本处在同等重要的位置、合作共赢将会超越竞争、商品使用权将会超越所有权、可持续性替代消费主义，这一系列的变化推动着新的商业模式的出现。

数字经济未来将会以大数据、云计算、互联网以及人工智能为线索，在传统商业模式基础上进行重新设计，构筑依靠数字产品横向延伸价值链和依靠数字技术纵向衍生产业链的基本商业模式，以及依靠数字技术来驱动的跨行业跨区域商业模式。①

（五）共享化

首先，共享时代要求数字资源的共享性。数字经济的一大发展方向应当是不断拓展数字信息资源，发展关于数字技术的集成、存储、分析以及交易业务，在共享时代下释放数字技术资源的新价值。其次，共享时代需要数字技术与产业融合发展，以便创造出更多的商业发展模式。数字技术与产业融合成为数字经济的重要发展方向，通过产业融合，实现产业数字化、智能化，产业的边界逐渐模糊，最终形成产业开放化发展以及产业向价值网络的转型升级。最后，共享时代要求数字经济发展具有强大的服务功能，由此才能带动对共享商业模式的更多需求。融合服务业与数字技术发展的服务型数字产业是共享时代数字经济发展的重要方向，也体现出数字经济在共享时代的应用性，以数字技术为基础的数字金融、智能支付、智慧物流、智慧健康、电子商务、数字信息服务等服务型产业将在共享时代迅猛发展。

三、数字经济时代企业财务面临的机遇

（一）财务管理工作效率将获得大幅提升

首先，信息技术的发展带动了财务核算与管理工具的变革，财务管理的信息化、智能化水平不断提升。例如，财务机器人，以自动化替代手工操作，协助财务人员完成处理大量单一、重复、烦琐的基础性财务业务，大幅提高了业务处理效率和质量，使得财务人员从繁杂的财务基础核算中解放出来，从而将精力投入到更具价值与挑战性的决策支持与管理控制工作中去。其次，随着信息技术在财务工作中应用的日益广泛与深入，财务人员能够更高效地采集、加工和报告相关信息，业财融合

---

① 易高峰.数字经济与创新管理实务[M].北京：中国经济出版社，2018：15.

的范围将更广、程度将更深，这些无疑会提高整个企业的管理水平，促进企业更有效地配置资源、释放管理价值。最后，借助强大的数据挖掘与分析能力，财务人员有条件更好地协助管理层洞察前沿，抓住商机，实现企业目标。

（二）财务的决策支持功能将得到强化

财务的主要职能包括决策支持、管理控制和交易处理三个方面。在传统财务管理中，财务更像一个组织的交易活动记录员，主要职能就是确认、计量、报告组织的交易活动，财务部门大约80%的资源被用于交易处理，只有不到4%的时间和资源用于决策支持或规划未来。随着数字经济时代的到来，信息技术飞速发展，传统的经济业务确认、计量与报告手段与云计算、大数据、人工智能、区块链等信息技术融合发展，不断取得新突破，记录与计量效率获得了极大提升，财务部门无须再将主要精力用于交易处理，而可以将主要资源用于决策支持。主要包括以下方面：一是为管理层提供实时商业数据；二是为经营者提供经营预测的模型与工具以及动态的预算、预测信息；三是为企业发展、企业战略的推进与实现提供财务评价。

数字经济时代下，数据已成为重要的生产要素与战略资产，财务部门不应只生产数据，还应增强数据挖掘能力，从数据中发现规律，发现数据价值；不应只重视财务数据，还应重视非财务数据；不应只重视结构化数据，还应重视非结构化数据。财务部门应充分运用各种信息技术手段，利用企业内外部的各类信息，厘清各生产要素之间及其折射在业务、财务、管理、运营等不同环节的信息关系，从数据中探索规律、发现价值、预测未来，从而更有效地提供决策支持。

（三）财务风险控制能力将得到显著加强

随着信息技术的发展，财务人员收集、加工、管理、分析财务数据的能力不断增强，这有利于增强财务人员的风控能力。首先，云计算、大数据与区块链等技术的运用，使得财务数据的来源更加广泛和全面，数据的可追溯性和透明度提升，更加敏捷的基础架构和流程能及时反馈风险；其次，财务信息系统与业务系统的有机融合，使得财务数据的采集和加工过程中压缩与转化减少，标准化与格式化加强，这可以有效降低数据造假风险，弱化信息不对称与信息不充分；最后，数字经济时代下，数据安全至关重要，信息技术的发展提升了财务部门的数据处理能力，财务部门的内控机制不断得到完善，使得其对财务风险甚至是非财务风险具有一定的预判能力，这无疑可以加强财务部门的数据治理与风险应对能力。

第二节　智能财务的基本内涵

随着数字经济的崛起和迅猛发展，财务行业正在接受新一轮数字化、自动化、智能化革命的洗礼，智能财务也成为热门话题。它不仅能够帮助财务人员全面获取财务信息，还可以快速地计算、智能地处理和人性化地输出财务数据，从而为企业和管理层提供更好的智能决策支持，使财务人员从所谓的"账房先生"转变为"军师参谋"。诸如收单机器人、语音报账机器人、自动对账机器人、智能投资机器等智能财务已经来到了我们的身边。本节将对智能财务的发展历程、概念及特征进行分析。

一、智能财务的发展历程

要想深入理解智能财务的概念，就要先回顾一下智能财务的发展过程。总体来看，从计算机引入传统财务演进到智能财务大致经历了三个阶段。

（一）会计电算化阶段

这一阶段的标志性事件是 1946 年电子数字计算机的诞生，机器处理的对象主要是数据。在这个阶段，以电子数字计算机为代表的信息技术深刻地改变了人类的生活和工作方式，财务领域也开始使用该技术来处理财务数据。

随着我国 1978 年以后开始实行从计划经济条件下的企业财务管理体制向市场经济条件下的企业财务管理体制转变，财务管理也进入了会计电算化阶段。其特点是使用关系型数据库系统，对会计核算重复性工作进行简单的程序设计，以替代部分简单的会计核算工作，使用计算机程序对工资、成本、固定资产等核算工作进行辅助处理。会计电算化阶段只是用计算机程序实现了部分会计核算环节，在核心内容上没有改变账务处理的流程和财务的本质内容。

（二）信息化阶段

这一阶段的标志性事件是企业资源计划（enterprise resource planning，ERP）软件和计算机网络技术的诞生，机器处理的对象主要是信息。通过使用 ERP 软件，数据加工和处理效率提升，再结合计算机网络的传输能力，初步实现了业财融合。同时，对业务信息进行抽象加工处理，财务核算的工作更加自动化，财务信息的及时性和便利性得到了提升，企业管理人员可以根据决策的需要在不同地点查看企业关键的财务信息，从而使决策更加具体明确。财务管理也从单纯的账务处理，过渡到财务信息的加工和处理，通过使用信息化技术，财务管理的流程和内容有了革命性的变化，同时也对业务管理过程进行了优化和提升。

进入 21 世纪后，财务共享成为财务管理领域的最新模式，在企业中大面积使用和推广。在光学字符识别（optical character recognition，OCR）、移动通信、云计算和大数据等技术的大力推动下，财务共享获得了突破性进展。但是，财务共享服务也仅仅是流程化财务管理过程，或者标准化财务管理过程，没有从本质上提出业务上的智能化，以及会计核算、管理决策上的智能化。

（三）智能化阶段

这一阶段的标志性事件是人工智能（artificial intelligence，AI）技术的再次崛起，计算机视觉技术超越人类的极限，机器的处理对象是知识。企业财务管理的很多方面有了新的解决办法，财务管理中的预测决策、风险管控和成本管理等有了更先进的算法、模型和工具。数据处理技术可以汇集更全面的数据，商业智能（business intelligence，BI）和专家系统（expert system，ES）能够综合不同专家的意见，移动计算可以帮助财务人员随时随地完成管理工作，财务机器人可以实现财务管理活动的自动化操作，现代系统集成技术可以消除业务、财务和税务等之间长期形成的信息和管理壁垒。

相对于财务信息化阶段的信息加工处理和网络传输实时性的特点，财务智能化阶段对企业各类信息处理的效率、效益和智能化的程度有了新的突破。例如，利用物联网、机器人流程自动化（robotic process automation，RPA）和知识图谱等技术实现财务处理的自动化和智能化，实现财务管理的低成本、高效率；基于神经网络、规则引擎、深度学习等技术实现财务管理中的预测和智能决策，以提升其智能性和实时性。这个阶段的重点是对管理决策和管理模式等提供智能化的支持，这种支持不再局限于流程和组织环节，而是在概念和模式上更高层面的提升。

在财务智能化阶段，从发展态势看，主要包括以下三个主要的场景：第一，基于自动化技术的智能化；第二，基于弱人工智能的智能化；第三，基于强人工智能的智能化。

在自动化技术的智能化场景中，基础性的财务工作基本都能实现自动化.比如，电子票据的自动验真，凭证的自动记账、自动对账、自动审核，集团级单据流程的自动化，财务单据采集自动化等。通过使用自然语言处理等技术，利用虚拟个人助理（virtual personal assistance，VPA）服务 ERP 系统的使用者，主要包括企业的管理者、财务人员及往来客户等；RPA 技术也在此场景中发挥重要的作用，它能够实现跨系统作业，将财务管理或业务系统中重复的、有规律的工作通过预置规则的方式实现，这些工作能自动完成，更少有人的干预。

弱人工智能指仅能完成人类可以做到的、特定的某项智力任务。在弱人工智能的智能化场景中，通过自动化技术可以采集更多的业务、财务数据。尤其是随着集团级数据中心的建立，在对企业财务数据进行汇集、治理、管理后，利用统计学、数据挖掘、机器学习、深度学习等技术，能够对企业的业财数据和外围宏观经济数据进行挖掘和分析，为企业的经营管理决策进行事前的预测、事中的控制和事后的分析提供依据，从而实现财务自动化向智能管理跨越。同时，利用虚拟现实（virtual reality，VR）、3D 渲染、多维展示等可视化技术，财务信息使用者可以方便、直观、立体地得到自己关注的有用的财务信息。

强人工智能指可完成任何人类可以做到的智力任务，具有思考、计划和解决问题的能力。从某种意义上讲，强人工智能时代离我们还比较遥远，财务智能在短期内还不会有强人工智能的智能化场景。但从发展的角度讲，随着自主学习、半监督学习、无监督学习的算法演进，一些强人工智能初级阶段的场景也会应用到财务智能中，到了这个阶段，财务智能化的工作范围将会越来越广。

二、智能财务的概念

智能财务是指将以人工智能为代表的"大智移云物区"等新技术运用于财务工作，对传统财务工作进行模拟、延伸和拓展，以改善会计信息质量、提高会计工作效率、降低会计工作成本、提升会计合规能力和价值创造能力，促进企业财务在管理控制和决策支持方面的作用发挥，通过财务的数字化转型推动企业的数字化转型进程。下面从三个方面阐释智能财务的内涵。

第一，以人工智能为代表的"大智移云物区"等新技术（以下简称"新技术"或"大智移云物区"等新技术），主要包括大数据、人工智能、移动互联网、云计算、物联网和区块链等。其中，大数据是以容量大、类型多、存取速度快、应用价值高为主要特征的数据集合，正快速发展为对数量巨大、来源分散、格式多样的数据进行采集、存储和关联分析，从中发现新知识、创造新价值、提升新能力的新一代信息技术和服务业态。大数据技术首要的是提供存储和计算能力，其次是洞察数据中隐含的意义，前者依赖于硬件设备的升级，后者依赖于数据挖掘算法的不断优化创新。人工智能（artificial intelligence，AI）是研究、开发用于模拟、延伸和拓展人的智能的理论、方法、技术及应用系统的一门新的技术科学，其主要发展方向为感知智能、运算智能和认知智能。其中，感知智能模拟了人类视觉、听觉、触觉等感知能力；运算智能模拟了人类大脑的快速计算和记忆存储能力；认知智能模拟了人类大脑的概念理解和逻辑推理能力，有助于进一步形成概念、意识和观念。移动互联网是移动通信和互联网的结合，同时拥有移动互联网的随时、随地和随身等便利特性，以及互联网的分享、开放和互动等社交特性。云计算是一种基于互联网的计算方式，可以将共享的软硬件资源和信息按需提供给计算机和其他设备，广义上的云计算包括后台硬件的云集群、软件的云服务、人员的云共享等不同形态。物联网是指通过二维码识读设备、射频识别装置、红外感应器、全球定位系统和激光扫描器等信息传感设备，按约定的协议，把任何物品与互联网相连接，进行信息交换和通信，以实现智能化识别、定位、跟踪、监控和管理的一种网络，主要解决物品与物品、人与物品、人与人之间的互连。区块链是分布式数据存储、点对点传输、共识机制、加密算法等计算机技术的新型应用模式，其核心特点是实时共享、可追溯和不可篡改。

第二，智能财务的实质是对传统财务工作的模拟、延伸和拓展。模拟是指模仿现成的样子，如会计核算软件中记账凭证、账簿和报表的半自动或自动生成，就是对传统会计核算工作的模拟；延伸是指在宽度、大小、范围上向外延长、伸展，如智能财务不受数据收集和整理能力的限制，可以核算到最小经营单元的损益和投资收益；拓展是指在原有的基础上增加新的东西，是质的变化而非量的变化。智能财务中的大数据分析，更多的是运用数据的聚集效应和数据之间的关联关系来寻找数据本身蕴含的经济规律，是对传统财务工作的大幅拓展。

第三，智能财务的目标是促进财务工作的提升，更好地服务于业务工作和管理工作。智能财务对传统财务工作的模拟，包括证账表等会计核算的自动化，以及财务分析报告的协同工作和半自动生成，将大幅度提升财务会计工作的效率，提高财务会计信息的质量，同时大幅度降低财务会计工作的成本。智能财务对传统财务工作的延伸，包括在资金管理、资产管理、税务管理、预算管理、成本管理、投资管理和绩效管理等方面的精细化和前瞻性，将大幅度提升财务规划指导和规范管理的职能。智能财务对传统财务工作的拓展，包括相对固定的管理会计报告和基于大数据的分析应用，将大幅度提升财务对于业务部门和管理部门，以及企业高层领导的决策支持能力，促使财务人员实现从本位思考向换位思考和全局思考的转换。

三、智能财务的特征

从上述智能财务的概念可以看出，智能财务是人工智能、大数据、物联网等新技术背景下财务管理的新模式，在这种新模式下，智能财务体现出区别于传统财务的特征。

（一）智能财务的革新性

智能财务不只是财务管理流程中部分环节的智能化或自动化，也不只是某个财务管理流程的整体智能化或自动化，或者是整体流程的再造，而是财务管理模式，甚至是财务管理和决策理念的变革性、创新性的变化，它借助人工智能和财务管理深度融合的方式来实现创新性的财务管理能力。

与传统的纯人工财务、电算化财务和信息化财务相比，智能财务在信息收集和数据处理方面进行了全面的变革。它借助 RPA、VPA、语音识别、计算机视觉识别等技术，自动、快速、精确、连续地收集和处理财务信息，并将这些信息快速地进行加工，处理成计算机可以学习的数据，用于财务工作的智能化。它借助统计学、数据挖掘、机器学习等算法模型，对汇集和加工的离线或实时的财务数据进行深度的挖掘和学习，构建融合财务、业务知识的算法模型，并将这些模型应用到企业业务、财务管理的方方面面，实现财务管理工作全面的智能化。

在智能财务时代，可通过财务数据中台、后台的技术架构和智能化应用，为企业进行数字化转型搭建组织基础、数据基础和管理基础。财务数据中台成为企业的能力中心和大数据中心，不仅能实时反馈企业经营成果和防控经营风险，还能驱动企业的价值创造和业务创新。

（二）智能财务的全面性

智能财务涉及的不是财务的某个方面，而是包括财务分析、经营分析、经营决策、预算管理等企业管理的各个方面。

在财务分析方面，可将财务分析模型以规则或算法的形式，内置于智能财务系统的代码中，通过从外部导入、内部数据连通等形式，将企业的业财数据汇集到数据中台，并以分布式数据仓库的新技术，对传统的报表分析进行改造。平台可自动根据数据进行学习和挖掘，快速得出形式多样的企业决策需要的财务分析报告，全面实时地反映企业的经济业务状况。

在经营分析方面，可将经营分析模型以规则或算法的形式，内置到智能财务系统的计算机程序中，通过实时计算、计算机视觉等新技术，将企业的内外部明细报表数据汇集到财务数据中台。对这些数据依据业务规划进行加工和处理后，使用弱人工智能中的算法，对加工后的数据进行深入分析和挖掘，为企业经营决策提供经营分析指标报告，同时对这些指标进行相关的预测和分析，为企业经营分析提供更智能的分析报告。

在经营决策方面，通过上述业财数据的汇集，在对数据进行加工处理后，根据数据挖掘和人工智能算法的内在逻辑，实现基于企业经营决策的数据建模。通过人工标注、机器学习创建出优秀的数据模型，在进行具体的决策时，让计算机模拟经营管理者的思维，提供不同方案的投融资决策和成本分摊决策，为企业经营者快速找到最合理的经营决策方案，实现企业经营管理和决策理论与人工智能算法的有机融合。

（三）智能财务的高效性

智能财务是使用数字化、自动化和人工智能技术，解决财务领域在财务核算、过程管理和决策规划等方面的实际应用问题而产生的一种革新性的企业财务活动的新模式。通过人工智能、数据挖掘、分布式计算等新技术，帮助企业实现财务管理、财务分析、财务决策等全面的财务业务智能化，实现财务信息的数字化转型。

在智能财务时代，财务人员使用集一键报税、发票识别、智能凭证、手机查账、客户关系管理系统（CRM）于一体的 SaaS 企业服务管理系统大大缩减了工作量，极大提高了财务的工作效率与发票的管理效率。人工智能技术的应用，可以实现发票、日记账自动生成凭证，缩短记账时间；一键报税可以减少税务的申报时间。

借助自动智能化应用，财务人员减少了很多基础、重复的操作及差错率，提升了工作效率和质量。同时，从业务端便开始的原始数据采集及上传、结构化财务数据的实时生成、多样化多角色的数据呈现、能够满足不同使用目的的数据维度等应用的技术和性能远超于之前传统的财务数据。

第三节　企业财务智能化转型的困境分析

财务智能化的转型属于企业内部较大的变革。从管理学角度出发，企业内部组织结构、人员心理的不适应、思想观念和行为模式的固定将影响企业智能化转型的速度；从外部市场角度出发，技能人员是否匹配，以及技术的普适性可行性的评估，即技术是否成熟将影响智能化转型是否成功。[①] 影响转型的阻碍和困境主要有以下几点。

一、企业财务管理智能化价值意义认知有待提高

对于企业来说，推进财务管理智能化建设是提高财务管理效率、降低财务风险的重要措施，也是企业实现智能化转型的一项系统性工程，对减轻财务管理人员工作压力、推进财务智能化管理与建立财务智能化管理系统具有重要价值。但是，在企业财务管理智能化建设过程中，由于企业管理者与企业技术人员对财务智能化管理系统认知有待提高，相应的技术资源与储备不足，对财务管理智能化建设缺乏科学认知，导致企业在推进财务智能化建设进程中缺乏应对举措，分析其原因不难发现，企业管理者在财务智能化建设认识上存在着差异，财务管理智能化建设举措与规划尚不能同步。例如：在互联网公司财务智能化管理系统建设中，企业管理者更加重视财务管理制度建设，对于财务管理系统的智能化建设的认识有待提高，更重视其他部门机制的智能化建设，忽视了财务管理智能化建设的价值；另外，一些企业管理者缺乏智能化思维，仍在沿用传统以会计人员、财务人员为中心的财务管理模式，不能按照统一的财务管理智能化建设举措有效落地实施，造成企业财务管理智能化建设只停留在表面，缺乏有效落地实践。

二、财务智能系统构建壁垒

财务智能系统一般以企业财务共享中心为核心点进行建设，多数企业仍在进行财务共享中心应用的初级探索。2017财务共享服务调研显示，我国很多大型企业对共享服务中心模式的运用还停留在初级基本模式阶

---

① 王文静.财务转型背景下的智能财务构建研究[J].财经界，2020（29）：179-180.

段，从零开始初步构建成本高昂。实现财务智能化，需要有完善的财务智能系统，采购系统、做账系统、银企系统等各部门系统之间要形成数据传递和共享。另外，电脑设备和固定资产购置、软件的装配调试，自动化、智能化应用的嵌套，试用故障和安装维护人员资费等需大量开销。因此，各系统之间应有强大的技术层支撑，需较大的构建成本和维护成本。在初步建设好之后，也面临着系统故障、数据泄露等风险的发生，甚至会出现智能化转型失败的风险。

三、缺乏行之有效的财务智能化管理制度及财务组织

在企业财务管理系统智能化建设进程中，对于智能机器人的采用、各类智能终端的安装、财务信息数据的采集要建立行之有效的智能化内控管理制度；对于财务管理的各类财务信息要有效监督，既要防止资金滥用，也要确保各类财务信息资源采集运用的准确科学。从目前国内企业财务智能化建设的举措来看，由于财务智能化建设是一项长期的系统性工作，在信息资源匹配、财务数据管理、财务数据资源分析、财务报告智能化监测都没有建立统一的规章制度，没有将财务智能化管控制度建设作为企业发展的主要抓手，使得企业财务智能化工作难以快速落地，难以依靠智能化财务管理系统企业发展过程中形成科学化管理机制。

四、缺乏专业的财务智能化管理应用人才

在目前企业财务管理智能化建设的过程中，导致企业财务智能化无法持续推进的主要原因，一方面是企业缺乏专门的财务智能化管理人才、技术人才，即使在企业任职的财会人员接受智能化学习培训的机会也不多；另一方面是企业针对财务管理智能化建设缺乏有效的人才引入机制，很难去吸收各大高校人工智能方面的专业人才及时学习智能化信息管理，即使引进了智能化信息人才、智能化财务管理人才，也无法针对其具体工作能力做出客观准确评价。竞争的不公平导致企业难以调动员工积极投入到财务智能化管理系统建设中，在一定程度上影响着企业财务智能化建设进程。同时，智能化财务管理对企业工作人员具有较高要求，不仅要求相关人员具备一定的信息化专业技能，还要求其具备一定的财务

管理专业知识。企业需要引进专业的技术人才，维护企业财务管理智能化系统的正常运转，而目前企业在财务智能化人才、技术人才的管理上均有待提高，无法有效推进财务管理智能化建设。

第四节　企业智能财务建设的整体思路

智能财务建设是财务领域的一场重大变革，是新技术运用推动的财务管理变革。企业智能财务建设的整体思路如下：首先，要明确智能财务建设在企业管理中的定位；其次，要制定智能财务建设的目标；再次，应遵循系统性、前瞻性、先进性、可行性等四点原则；最后，应明确智能财务建设的内容，主要涉及智能财务平台的建设与财务管理流程的优化、企业财务分析与决策领域的智能化升级、智能化场景设计与新技术的应用、企业财务组织与财务人员的优化等。

一、智能财务建设的定位

为满足财务工作提升需要、企业数字化转型需要和行业高质量发展落实要求，越来越多的企业开始探索智能财务建设，将其作为企业整体数字化建设的重要组成部分和首要突破口，旨在助力财务转型、新型财务管理模式构建的同时，推动企业整体数字化的发展进程，并通过财务管理水平的提升带动企业整体管理水平的全面提升。①

二、智能财务建设的目标

企业智能财务建设的总体目标是促进财务工作的提升，更好地服务于业务工作和管理工作。具体来说，包括以下三个子目标。

（1）财务层面。立足于业务驱动财务，实现会计核算的标准化和自动化、资金结算的集中化和自动化、资产盘点和对账的自动化、税务计算和申报的自动化、会计档案管理的电子化和自动化，提升企业财务会计工作效率和信息质量，推动财务从核算型转向管理型。

---

① 赵静，张延彬.智能时代基于共享模式的财务数字化转型路径研究[J].商业观察，2021（35）：85-87.

（2）业务层面。立足于管理规范业务，实现预算编制和分析的自动化、预算控制的前置化和自动化、成本归集和计算的自动化、项目管理的标准化和过程化、税务风险检测的智能化，以更好地支持业务开展、规范业务管理和强化过程控制，提升企业管控水平。

（3）管理层面。立足于数据驱动管理，通过建立多维分析模型和数据挖掘模型，实现服务业务经营、精细协同管理、辅助决策支持和全面风险评估，促进企业数字化转型升级，服务企业高质量发展。

三、智能财务建设的原则

企业智能财务建设过程中应遵守以下四点原则。

一是系统性原则。智能财务建设过程中会涉及智能财务共享平台和大数据分析应用平台的建设，与业务经营管理平台、大数据基础平台和外部交易管控平台的对接，以及需要对业务经营管理平台进行改造提升，因此有必要进行系统化规划设计。

二是前瞻性原则。智能财务建设的整体规划设计和具体方案设计，应前瞻性地预测财务信息化发展趋势，基于智能财务研究和建设的现状与未来发展，面向企业高质量发展管理需要，对智能财务建设开展探索性研究。

三是先进性原则。智能财务建设过程中，最能体现智能财务本质特色的是针对不同财务工作任务设计智能化应用场景，以及针对不同智能化应用场景探索新技术的匹配运用，这就要求精心设计智能化应用场景，且保证技术匹配运用的先进性。

四是可行性原则。智能财务建设的整体规划设计和具体方案设计，应基于企业财务管理现状和实际工作需要进行，恰当选择和运用新技术，保证智能财务平台能够在软件实施商的配合和努力下顺畅落地运行，实现企业财务管理的数字化转型，从而促进企业管理整体的数字化转型。

四、智能财务建设的内容

（一）智能财务共享平台的建设与财务管理流程的优化

智能财务平台的总体架构应遵循四大建设理念：一是大共享的理

念。架构中的智能财务共享平台，既包括会计核算、财务会计报告等财务会计工作的共享，又包括资金管理、资产管理、税务管理、预算管理、成本管理、投资管理、绩效管理和管理会计报告等管理会计工作的共享，是横跨财务会计和管理会计两个财务工作领域的大共享。二是大集成的理念。架构中同时覆盖企业的内部系统和企业的外部系统，体现了系统内外集成化的大集成理念。其中，企业的内部系统包括业务系统、财务系统、管理系统、大数据基础平台和大数据分析应用平台，外部系统包括总公司管控平台和第三方交易平台。三是大数据的理念。架构中同时涉及企业内外部数据，体现了大数据的体量大、类型多等典型特点，隶属大数据的范畴。其中，企业内部数据主要包括基础数据、业务数据、财务数据、管理数据等，企业外部数据主要包括行业数据、经济数据、环境数据等。四是大管理的理念。架构中大共享、大集成和大数据的建设，自然成就了大管理，通过规范业务管理、强化过程控制提升企业管理水平，通过服务业务经营、辅助决策支持实现财务价值增值。

智能财务共享平台建立后，企业可以对总账管理、应付应收管理、资金管理等传统财务管理流程进行优化，实现共享与智能化。

（二）企业财务分析与决策领域的智能化升级

智能财务领域中最为广泛的应当是在企业财务分析与决策方面。一些机器学习、深度学习智能建模技术能够对企业运行的业财数据和经济宏观数据进行实时自动采集、监控、挖掘和分析，为企业经营决策进行事前预测、事中控制和事后分析提供依据，从而辅助财务进行更智能、更精确的决策。财务人员还可利用丰富的数据可视化技术，使得财务信息的使用者更清晰、有效地利用财务信息。

（三）智能化场景设计与新技术的应用

智能化场景设计和新技术匹配运用是智能财务的本质所在。为此，从技术应用视角来看，智能财务离不开智能化场景设计和新技术匹配运用的两项内容。其中，智能化场景设计起源于针对具体财务工作任务的智能财务工作目标，依赖于"大智移云物区"等新技术的精准匹配运用，重在精心构思和巧妙设计。需要说明的是，这些新技术涵盖但不限于"大智移云物区"，具体可参见高德纳（Gartner）每年公布的十大战略科技以及由上海国家会计学院发起的"影响会计从业人员的十大信息技术评选"中的候选技术。

（四）企业财务组织与财务人员的优化

智能化背景下的财务管理组织模式是一个更具信息化、智能化，更凸显柔性管理、顺应时代发展潮流的新型技术，技术革命推动生产率和效率，但更为重要的是管理和组织的创新。财务智能是通过云计算、大数据、人工智能等新技术进行协调，它最大的特点是高效而精准。一方面，财务智能需要有专门成套的财务组织，包括进行数据采集、录入、维护的运营团队，以及专业的财务建模团队；另一方面，财务需要有精通互联网、大数据等智能技术，可以进行智能风险控制和资源匹配预测的新型财务人员。但在智能技术的队伍建设中，人才培养还有待进一步加强。在智能背景下，企业应当先行注重人员培养，优化组织结构，加强智能财务框架体系建设，推动财务智能化发展。

在智能化的冲击下，企业应当确保企业管理体系和组织结构能与财务智能发展相适应，这样才能确保企业财务智能化能与企业发展战略的相匹配，为企业注入源源不断的新动力。[①] 尤其是要完善企业的内部控制体系，加强事前审批制度，对共享数据库的原始数据以及各阶段的数据进行事先审核，对不准确的信息进行集成化规范处理，准确实现财务信息的分析、预测，提高财务智能化效能。另外，应当增强安全意识，建立健全财务防范体系。企业可以设置专门的岗位进行维护，落实岗位责任制。此外，企业还应当加强激励与惩罚体系的建设，合理设置岗位，明确各岗位职责，在财务管理智能化的背景下确保工作人员的积极性。

在智能财务建设过程中，企业要全面认识到财务智能化管理专业人

---

① 胡超，杨怀宏.财务管理智能化及其未来发展趋势[J].现代营销（下旬刊），2020（5）：226-227.

才队伍建设的重要性。一方面，企业应针对财务管理实际需求加强原有财务人员、会计人员的智能化技术培训，配合企业建构完善的财务智能化管理体系；另一方面，企业应积极构建新型智能财务团队。

第五节　数字经济时代企业智能财务的发展趋势

随着财务领域对新技术应用的进一步探究和掌握，企业智能财务建设将实现更广泛和深入的发展。具体体现在以下几方面。

一、企业财务智能技术应用的未来展望

（一）由弱智能转为强智能

在智能财务实践领域，对于"大智移云物区"等新技术的应用尚处于初级阶段，即弱智能阶段。在该阶段中，主要是对人工智能技术中的感知智能和运算智能的运用，即模拟人类器官中视觉、听觉、触觉等感知能力，以及模拟人类大脑的快速计算和记忆存储能力。比如，智能报销中广泛使用的图像识别技术（OCR）、语音识别技术，核算自动化和智能稽核中广泛使用的机器人流程自动化（RPA）技术等。此外，还有如移动报账、移动审批等移动互联网应用，银企连云、税企连云等云计算应用，纸质单据和固定资产上的二维码、条形码等物联网应用，电子发票、银行回单等电子会计凭证中的数字签名技术应用等。

笔者认为，未来的智能财务实践将向"大智移云物区"等新技术应用的高级阶段迈进，即强智能阶段。在该阶段中，主要是对人工智能技术中的认知智能的运用，即模拟人类大脑的概念理解和逻辑推理能力，进一步形成概念、意识和观念。比如，基于知识图谱和自然语言处理的智能客服、差旅助手等。此外，还有基于大数据和数据挖掘技术的智能财务分析、智能财务预测、业务场景模拟、智能风险评估、个性化信息推荐等，以及基于区块链完成的数据资产确认、计量、记录、报告、审计、纳税等。

（二）由点状应用迈向网状应用

当前，在财务实践领域，人们对于智能化技术的运用尚处于点状状态，如智能报账、智能核算和智能运营服务，以及自动化收付款、自动报税等典型的智能化应用场景已实现；面向中小企业解决智能文档识别问题的人工智能会计系统、智能报销平台等支持点状应用的、初步的智能财务系统开始面世。

笔者认为，未来的智能化技术在财务领域的运用将呈现立体网状结构，具体体现为一类技术运用将覆盖整个智能财务平台及相关信息系统，如企业中所有用户都可借助各自拥有的同一数字签名，操作所有与自己相关的基础系统、管理系统、业务系统和财务系统；一类技术运用将贯穿点对点的全业务流程，如同一个数字签名从出差申请到商旅订票、商旅出行、报销入账，再到会计归档均处于有效状态，全程执行身份认证，确保信息安全。

二、企业智能财务共享的未来展望

财务共享是智能财务可选用的重要财务管理模式之一，从财务共享视角来看，智能财务在共享的业务范畴和组织形式方面将呈现如下两个发展趋势。

（一）由财务会计共享延伸至管理会计共享

当前，企业的财务共享多聚焦于财务会计相关领域。根据中兴新云和ACCA联合发布的《2018年中国共享服务领域调研报告》（以下简称《调研报告》），财务会计相关领域中财务共享的实现程度较高，最高的是费用报销，占比96.0%；其次是采购到付款、资金结算、总账到报表、固定资产核算，占比65%～75%，再次是成本核算，占比56.7%；然后是订单到收款、档案管理、发票开具、纳税申报，占比35%～55%；最后是员工信用管理，占比16.9%。

笔者认为，未来的财务共享的范畴将由财务会计相关领域延伸到管理会计领域，实现管理会计基础工作的共享，如资金管理、资产管理、税务管理、预算管理、成本管理、投融资管理、绩效管理和管理会计报告等。根据《调研报告》可知，部分企业的财务共享中已涉及管理会计领域，包括成本管理（36.3%）、预算管理（29.9%）和经营绩效分析（18.4%）三个方面。

（二）由实体组织共享发展为虚拟组织共享

《调研报告》指出，72.5%的企业的财务共享服务中心人员规模在100人以内，13.0%的企业人员规模为101～200人，4.3%的企业人员规模为201～300人，10.2%的企业人员规模在300人以上。相比外资企业，中国企业财务共享服务中心的整体规模较小，人员规模达到百人的财务共享服务中心占比21.2%，而外资企业在中国设立的共享服务中心（通常是企业的区域分中心）人员规模超过百人的比例为39.4%。可见，现有财务共享服务中心多为实体财务组织的共享，涉及财务基础工作人员的物理集中。

虚拟组织是一种区别于传统实体组织的、以信息技术为支撑的人机一体化组织。其特征是以现代通信技术、信息存储技术、机器智能产品为依托，实现传统组织结构、职能及目标。在形式上，虚拟组织没有固定的地理空间、时间限制。组织成员通过高度自律和高度的价值取向共同实现团队的目标。笔者认为，随着"大智移云物区"等新技术在财务工作中的运用，智能财务共享平台和新型财务管理模式逐渐成熟，特别是新冠肺炎疫情防控期间，财务人员对虚拟办公、远程视频会议等工作方式进一步熟悉，使得财务共享中心的虚拟化设置成为可能。加之一些国有企业人员岗位相对固定的人事管理体系，财务共享中心的虚拟化设置更加必要和可行。

三、企业财务数据处理的未来展望

智能财务是数字经济发展的必然产物，从数据处理的视角来看，其未来发展将趋向数字化、自动化和无纸化。

（一）数字化趋向

数字化转型的本质是在"数据＋算法"定义的世界中，以数据的自动流动化解复杂系统的不确定性，优化资源配置效率，构建企业新型竞争优势。其核心特点是数据驱动、软件定义、平台支撑、服务增值和智能主导。据此，财务数字化转型的本质则是在"数据＋算法"定义的世界中，以业财数据的自动流动化解复杂财务系统的不确定性，优化财务资源配置效率，助力构建企业财务的新型竞争优势。

笔者认为，财务的数字化转型路径如下：财务共享是财务数字化转型的起点，大数据管理是财务数字化转型的终点，新技术运用是财务数字化转型的助推器。在智能财务的建设过程中，凡是能把智能财务平台的输入变为计算机能够自动处理的结构化数据的场景，都是财务数字化的场景，如通过 OCR 扫描识别票据的全票面信息，通过机器学习识别合同影像中的关键信息，通过自然语言处理实现差旅申请、智能报账和财务分析过程中的语音交互，通过知识图谱、自然语言处理和搜索引擎等实现财务共享服务管理中的智能客服等。

（二）自动化趋向

自动化的概念是一个动态发展的过程。随着电子和信息技术的发展，特别是计算机的出现和广泛应用，自动化的概念已扩展为用机器（包括计算机）不仅代替人的体力劳动而且代替或辅助人的脑力劳动，以自动地完成特定的作业。在财务领域中，部分重复的、规则明确的、可标准化的基础性财务工作逐渐会被机器替代，如自动支付、自动对账、自动生成记账凭证、自动稽核、自动生成财务报表和纳税申报表、自动进行财务报表和纳税申报表上报等。这些自动化过程可在原生一体化的系统内部完成，也可通过系统接口在集成化的系统中完成，还可通过 RPA 的设计和运用在系统界面中完成。而对于财务领域中一些并非大量重复的、规则不是很明确的、无法完全标准化的复杂性财务工作，则可采用机器辅助人脑的人机一体方式来完成，如机器辅助人工完成的财务分析、趋势研判、投资决策、融资决策、风险评估等。可见，财务领域将有越来越多的工作被机器部分替代或完全替代，会计人员必须做好财务数字化转型和职能转型的双重准备。

（三）无纸化趋向

　　绿色发展是新发展理念之一，旨在解决好人与自然和谐共生的问题。在财务领域，绿色发展集中体现为电子发票等电子会计凭证和电子会计档案的大力推进与广泛运用。其中，电子会计凭证是指单位内部生成或单位从外部接收的电子形式的各类会计凭证，前者包括电子报销单、电子入库单等会计原始凭证，后者包括电子发票、财政电子票据、电子客票、电子行程单、电子海关专用缴款书、银行电子回单等会计原始凭证。电子会计档案是指单位仅使用电子会计凭证进行报销入账归档形成的会计档案，即实现会计档案的无纸化管理。电子会计档案的形成必须同时满足以下四个条件：一是接收的电子会计凭证经查验合法、真实；二是电子会计凭证的传输、存储安全、可靠，对电子会计凭证的任何篡改能够及时被发现；三是使用的会计核算系统能够准确、完整、有效接收和读取电子会计凭证及其元数据，能够按照国家统一的会计制度完成会计核算业务，能够按照国家档案行政管理部门规定格式输出电子会计凭证及其元数据，设定了经办、审核、审批等必要的审签程序，且能有效防止电子会计凭证重复入账；四是电子会计凭证的归档及管理符合《会计档案管理办法》（财政部国家档案局令第 79 号）等要求。因此，笔者认为，伴随电子商务、电子政务、网络支付、移动支付、快递物流等行业的发展，以及电子会计凭证和电子会计档案支撑技术和应用方案的日臻成熟与完善，电子会计凭证和电子会计档案的大规模推广和运用必将成为趋势，会计资料处理过程的无纸化和会计档案管理的无纸化都将成为未来的发展方向。

第二章　基于财务共享模式的
财务管理智能化

　　财务共享模式是智能财务建设的重要途径，本章将探索基于财务共享模式的财务管理智能化的实现路径。由于篇幅有限，本章将以总账管理、应付应收账款管理、资金管理等典型财务管理模块进行研究。

第一节　财务共享概述

一、财务共享的内涵

　　20 世纪 80 年代，共享服务首先在美国的福特公司开始实施，之后 1993 年 Gunn Partners 公司的几个创始人首次确定了共享服务这一创新管理思想。布莱恩·博格伦（Bryan Bergeron，2003）在他《共享服务精要》一书中这样定义共享服务：将共享服务看成是企业的合作战略中的一个全新的半自主的业务单元，包含并替代现有的经营职能。该业务单元以降低成本、提高效率、创造更高的经济价值、提高对内部客户的服务质量为目标，并拥有相应的管理机构，保障其能够像企业一样，独立自主地在市场中开展竞争。陈虎、孙彦从（2014）在研究国内共享服务的相关专著和论文之后，认为共享服务的出现和发展源于信息网络技术的推动，并认为它是一种创新的运营管理模式。与以往传统的管理模式不同的是，它更加注重以顾客需求为导向，所提供的专业化共享服务是以市场价格和服务水平协议为基准，将过去企业内部各业务单元分散的、重复性较高的业务整合到共享中心集中处理，达到整合资源、降低成本的目的。同时，使各业务单元集中精力和资源专注于核心业务，达到提高效率、保证客户满意的效果。

财务共享服务是共享服务在财务领域的应用与推广，是一种全新的财务管理模式。简而言之，财务共享服务是将不同组织机构或部门的财务职能、流程进行整合后归集到一个独立或者半独立的新组织或部门中，为集团公司的内部客户提供更加专业高效的财务服务，同时为集团财务管理降低成本并创造新的利润点。① 这一独立或者半独立的机构，即财务共享服务中心（financial shared services centre，FSSC）。财务共享服务作为一种创新性的财务工作方式，是由财务共享服务中心为集团公司提供标准化的财务工作，从而实现集团内的四大共享。

（1）人员共享。集团内的各级机构共享财务服务中心的工作人员，由财务服务中心的工作人员统一处理流程化的重复性工作。

（2）信息共享。集团内员工可以在授权范围内共享财务服务中心中的财务数据。

（3）运营共享。由于财务工作的集中，财务共享服务中心可以通过统一运营集中资金管理，从而降低融资成本，提高投资收益。

（4）管理共享。由财务共享中心统一管理会计工作，使会计信息更加规范标准，能为集团提供更加准确的会计资料。

二、财务共享的发展历程

纵观近几十年来财务共享服务的发展历程不难发现，财务共享服务在不同经济背景、不同企业发展模式、不同信息技术下呈现出不同的特点。最初的财务共享中心以"降本增效"为己任，而随着经济环境的变化和信息技术的发展，财务共享服务的模式和价值也在不断演化。根据建设模式和价值目标，企业财务共享中心的发展应用大致可以分为以下三个阶段。

---

① 李国喜.财务共享基础理论探讨与研究 [J].商情，2019（17）：235，237.

（一）1.0 阶段：信息集中 + 资源协同

在 1.0 阶段，建设财务共享中心是集团企业发展的一个必然要求，把标准化的流程、重复性高的工作集中起来，交给财务共享中心来做，既能满足集团管控财务大集中的要求，又能提高工作效率，减轻分、子公司的压力。通过相应的制度调整安排，分、子公司的灵活性以及集团政策落实和集团与分、子公司间的资源协同将得到更好的发展。

财务共享中心 1.0 阶段包含三类工作：对内业务、对外业务和共享中心运营管理。共享中心运营管理包括影像管理、资料邮寄、档案管理和派单抢单。财务业务处理分为对内业务和对外业务。对内业务主要包括员工报销、总账报表、资产管理和合同管理四部分，对外业务则是与供应商、客户相关的流程处理，通常企业内置的 ERP 系统会有供应商和客户管理模块，共享系统只需要与 ERP 系统对接这部分功能和数据即可；另外，对外业务还包括银行、税务机关对接，需要用专门的银企直联或者报税软件处理。

在 1.0 阶段，财务共享中心基本上只完成财务部门传统工作的流程优化和组织结构调整，随着企业管理不断精细化，数字技术、互联网的应用不断深入，有关企业采购、商旅消费的交易环节与财务环节相对独立的系统设计无法满足业务发展需要，打通交易与财务环节的需求愈加迫切。

（二）2.0 阶段：采购交易 + 税务管理

在 2.0 阶段，财务共享中心将与采购交易系统和税务管理系统结合在一起。财务共享中心连接外部的商旅、供应商、电商平台及内部的各种资源，搭建企业商城，形成采购交易系统；又连接政府税务平台，搭建税务管理系统。在 2.0 阶段，通过集成，便可形成业财税一体化的财务共享中心。

一般情况下，主要材料或者直接物料的采购大都由 ERP 系统来完成，而非直接物料的采购，如商旅服务、办公用品、IT 系统、培训服务等，通常无法在 ERP 系统中完成，但是这些业务事项的成本费用金额不低，重要性也越来越高，因此将其纳入系统管理也成为必然选择。

在 2.0 阶段，共享中心外接京东、携程和大众点评等电商平台构成企业商城，实现商旅服务和办公用品等的采购，并由此优化重塑了采购中从申请到支付入账的整个流程。

随着国家金税三期工程的上线推广，对税务管理的合规性要求大幅提高，企业税务管理变得更加复杂、敏感。传统的开票、收票、验票的线下工作也希望通过 OCR、财务机器人等数字技术与税控系统进行信息对比、集成，从而提高工作效率以更好地进行税务筹划。

因此，在财务共享中心 2.0 阶段，实现业财税一体化成为主要内容。随着管理模式和技术条件的不断成熟，越来越多的业务环节将被连接到财务系统中，以减少单据量，提高财务工作效率。

（三）3.0 阶段：**数据共享 + 业务全覆盖**

随着信息技术的发展，财务共享作为管理会计的"基石"，正面临定位与价值的全面刷新。在大数据、云计算、互联网、人工智能等技术的渗透下，领先企业正在积极探索和建设以数据共享为核心的智能财务体系。财务共享中心连接前、后台部门的运营和数据中台，承载智能共享服务、智能管理会计和智能数据分析等功能，在新技术驱动下，推动企业构建智能财务体系。

这是财务共享发展的高级阶段，覆盖企业绝大部分的业务系统，是企业强大的业务中台和数据中台，为分、子公司提供更多的可以随时调用的业务支持。大量的业务交易产生大量的实时数据，使共享中心成为集团级数据中心，共享中心集成核算数据、预算数据、资金数据、资产数据、成本数据、外部标杆数据等，为数据建模、分析提供准确、全面、系统的数据来源，成为企业业务调整依据和决策依据。

三、智能财务共享服务的特征

智能财务共享服务是技术进步与管理变革融合创新的产物，从技术的角度看，财务共享服务呈现多端化、中台化、微服务、云架构、数字化、实时化和智能化的特征；从管理的角度看，其呈现服务化、协议化、规模化、专业化、标准化、管控化、经济化、市场化的特征。

（一）技术角度分析

（1）多端化：移动端、PC端。

（2）中台化：服务中台、数据中台、集成中台、开发中台。

（3）微服务：合理地解耦服务，支持单个应用程序由许多松散耦合且可独立部署的较小组件或服务组成。

（4）云架构：分为基础设施层、平台层和软件服务层三个层次。

（5）数字化：数据采集、加工、分析、展示在线化。

（6）实时化：业务和财务集成一体化，业务即财务。

（7）智能化：处理自动化和数据智能化。

（二）管理角度分析

（1）服务化：以客户需求为导向，以服务为载体，追求客户满意度。

（2）协议化：按照服务水平协议为内外部客户提供协议约定的服务，并承担协议约定的责任，享有协议约定的权利。

（3）规模化：业务集中处理，专人专岗，"工厂流水线"作业。

（4）专业化：对纳入共享平台的业务财务处理的专业性负责，如合规性、科学性、及时性。

（5）标准化：实现财务共享后，可形成标准化业务流程，建立统一的操作模式，通过共享服务中心执行统一标准、运作统一流程。

（6）管控化：蕴管控于服务之中，落实财经法律法规，贯彻集团发展战略，执行集团规章制度和内控要求。

（7）经济化：人员节省、处理高效、成本节约。

（8）市场化：成为利润中心，模拟市场化，按照谁受益谁买单的原则运营，如果内部处理质量和成本无优势，可选择社会化外包服务。

四、智能财务共享服务的优势

智能财务共享服务的成功实施可以带来财务七项核心能力的提升，分别是提升基础财务处理能力、提升财务专业服务支持能力、提升财务数据挖掘能力、提升财务流程优化能力、提升财务风险监控能力、提升财务人才培养能力、提升财务智能运营能力。

（一）提升基础财务处理能力

提升采购应付、销售应收、员工报销、商旅服务、成本核算、资产核算、税务处理、资金结算、总账核算、月结报表、财务报告、会计档案等基础财务处理的质量和效率。

（二）提升财务专业服务支持能力

建立财务专业技术知识研究团队，输出专业技术咨询成果，为集团公司战略财务及业务财务提供专业支持，包括财经政策研究、财务专业培训、财务专业咨询服务等。

（三）提升财务数据挖掘能力

提升财务数据收集、加工、分析与展示能力，数据赋能战略与业务。

（四）提升财务流程优化能力

提升财务流程标准化程度，在集团公司统一流程基础上不断优化，包括财务流程标准化、服务化、价值化、自动化、智能化优化升级。

（五）提升财务风险监控能力

升级财务监督与管控层级，由下属单位部门级监督管控升级为集团公司专门机构监督管控，财务风险监控包括经营业务财经风险、管控风险、内控风险监控。

（六）提升财务人才培养能力

培养具有集团视野的、懂业务的财务人员，向业务财务和战略财务输送高质量财务人才，拓宽财务人员职业发展通道，加快财务人员培养。

（七）提升财务智能运营能力

推动数智技术应用于财务共享服务，如流程自动化、数据智能化、影像识别、语音交互、专家系统、预测系统、商业智能分析等。

第二节　总账管理的智能化

在企业财务共享中心中，总账模块是企业财务系统的核心，它和企业的应收流程、应付流程、固定资产、成本管理等流程都有着直接的关联。

相较于应收、应付、固定资产等由业务驱动、侧重于在业务过程提供共享服务支持的相关模块，总账模块更侧重在会计处理业务流程中提供支持。由于会计核算是规则性较强的工作，分散的会计核算业务往往最适合被整合为标准化模块。因此，在总账模块中，从财务人员进行记账凭证编制、财务信息的生成、月末自动记账和月末过账，到最终报表的产生，自动化技术都被广泛应用。

一、总账管理概述

总账管理是财务的核心，所有会计凭证最终进入总账模块处理，业务数据最终全都在总账系统会集。总账系统支持建账、月末结账、日常业务凭证的审核及记账、月末计提和结转类记账凭证的制作审核及记账、账簿的查看、会计报表的编制等财务处理功能。总账管理模块提供完整的财务核算及财务分析过程，是公司的业务活动最后在财务上的反映。[①]各个子公司的业务管理系统、人力资源管理系统、客户关系管理系统、供应链系统全部与总账管理模块相连，并以此来共享财务信息。该模块可以通过财务机器人的使用达到财务核算自动化、专业化的目的，让企业减少财务人员的投入，加快财务核算速度，提高数据精确度，使账务处理可以及时可靠地实施，提供给企业多重视角、各个方面的详细的财

---

① 王立谨.企业总账会计从核算型向管理型的转变[J].中国集体经济，2021（29）：148-149.

务数据；同时帮助企业管控往来款以及现金银行等。

总账管理的业务流程一般为账套的初始设置、凭证的填制、出纳签字、凭证的审核、记账、账簿查询、银行对账、自动转账、对账、结账、打印等。在财务共享中心，可以将总账管理分成凭证的管理流程、财务的基本核算、关账的流程以及报表流程。在凭证的管理流程中，系统生成凭证主要包括业务人员进行系统操作生成总账凭证、财务共享中心人员进行系统操作生成总账凭证并进行档案归档工作。为了保证数据源头的唯一性，该部分应该限制凭证的修改与录入，相关重要信息与数据自动从上一节点获取。为了确保财务信息的完整，审核通过的相关业务应全部自动生成相关凭证，并设置统一时间节点，由财务人员进行总账凭证的审核操作与结果反馈。

基本核算功能包括成本的核算、工资薪酬的核算、税务的核算等。其中，工资薪酬的核算流程包括工资薪酬计提报账单的提交、审批以及财务审入账；支付流程包括计算工资、个人所得税、五险一金的计算，相关补助表的计算、审核以及导入，工资发放明细表的制作、工资薪酬报账单的填写及各级责任人进行审核，财务进行审核入账；冲销流程包括提供工资发放明细表，总账报账单的填写和对工资薪酬的差异进行账务调整。这部分的系统应与人力资源管理系统以及绩效相关模块相连，以获取相关信息。

关账包括关账清单的下发流程和关账流程。每月的月末，财务人员在"月末关账检查清单"中列出各项关账工作，如现金盘点、银行对账、销售收入的确认、应收应付款项的对账、关联方的对账等，下发并审核关账清单后下发至各分、子公司相关小组，这部分的功能需要财务共享中心系统与各省级下属子公司相关联。由于关账工作变为线上，通过信息的实时共享可以统一关账时间，提高财务工作的管理效率。在财务人员完成各项关账工作之后，系统生成工作底稿作为"月末关账检查清单"的附件。

报表流程中，报表管理系统可以使用从各个子系统获取的信息和其他外部信息编制企业所需的报表，并提供报表分析。系统从总账管理系统获取科目基础数据，从其他业务系统获取业务数据，从应收、应付以及资金等管理模块中获取相关的凭证信息，根据设置好的报表格式以及报表公式进行财报及附表的编制工作，系统的编制功能是一个数据自动处理的过程，整个过程不需要人员的干涉。报表生成后，系统禁止财务工作人员修改表中的数据，并根据审核公式，通过对报表钩稽关系的核对和验证自动审核编制的报表数据。系统还提供报表的输出功能和分析功能，其中输出方式支持页面显示、打印输出、磁盘输出以及远程输出；分析功能包括结构分析、比较分析、趋势分析和比率分析等，便于为财务管理提供相关数据。系统还可以根据母、子公司报表数据文件以及抵消分录文件生成合并报表。合并报表生成后，各级责任人负责对其进行审核。

总账管理模块的功能包括财务分析，其分析结果的使用者是企业的管理者。财务分析得到的结果可以用来预测企业财务的未来走向，并为管理者提供决策依据。

二、总账管理模块的流程设计

总账管理模块提供了一个完整的财务管理核算及分析的流程，是企业所有业务的最终的财务反映。总账管理模块与其他模块之间建立有方便的接口，可以保证账务运行得通畅和不重复。一个公司或组织的制造系统、项目管理系统、人力资源管理系统、客户关系管理系统等各个系统，都可以通过总账管理模块实现信息的共享。在企业财务共享系统中，由于总账管理模块和传统会计业务结合得较为紧密，对此模块流程的理解，有助于从相对宏观的角度了解整个共享服务流程。通常而言，总账模块的流程包含以下几个环节，如图 2-1 所示。

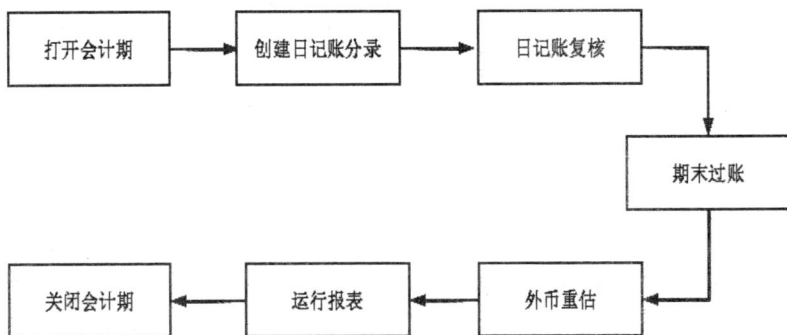

图 2-1　总账管理模块的流程

总账模块就像是企业会计信息的中央处理器，应付、应收、固定资产等业务处理的最终结果都会反映到总账模块的流程中，这也使得总账模块作为综合的财务管理解决方案，具备了强大的功能。这些功能主要包括以下四个方面。

一是信息访问。总账管理系统是企业的财务信息存储库，通过联机查询或使用报告和分析工具，企业可以轻松访问存储在总账管理系统中的信息。

二是会计信息处理。例如，企业可以更正实际、预算和保留款信息，重估和折算用外币表示的余额，合并多个账套的余额等。

三是数据收集。总账管理系统主要收集来自应收、应付等各业务处理流程中的相关信息和数据。

四是财务报告出具与数据分析。在企业财务核算系统中，总账模块作为核心，和应收、应付、成本、固定资产等各个模块紧密相连。月末，各模块记账数据通过过账的方式传入总账模块。企业可据此进行财务报告出具和数据分析等工作，以帮助企业内外人员进行决策。

总账模块和报表业务在流程设计中应遵循以下七大原则。

（1）财务核算共享中心设置总账组、单体及税务报表组、合并报表组，并按法人进行工作分工。

（2）账务处理应遵循 GL-1 平账管理进行操作，不允许直接登录 ERP 总账模块系统进行记账。

（3）财务人员填写报账单时，应提供真实、完整的与报账内容相符、符合公司会计核算制度的原始支持性附件。原始支持性附件分为纸质文档和电子文档。若只涉及电子文档，财务人员只需要将电子文档上传；若除电子文档还涉及纸质文档，并且需要领导审批签字表等，财务人员就需要先获取纸质文档的电子版本（如照片、扫描件等）并上传。

（4）更正凭证通过总账报账单的调账功能实现，原则上是先将已入账的错误凭证通过总账报账单冲销，再根据调账类总账报账单的正确报账信息重新记账。

（5）总账报账单、预提费用报账单、工资薪酬计提报账单以及工资薪酬报账单必须得到恰当的授权审批（走相应的审批流程）；报账人与记账人的职责分离，由共享中心财务会计提的报账单，须由另一名财务会计记账；共享中心总账组每月（如每月 25 日）先冲销上月预提的费用，然后再开始处理各公司当月提报的预提费用报账单（如从 26 日起），并在月底结账前（如 28 日）完成预提。

（6）财务共享中心的关账流程应严格依照下发的关账清单执行；ERP 总账模块财务账期一旦关闭，一般不允许再打开进行调账。

（7）当地人力资源部门负责发起和填报工资薪酬计提报账单和工资薪酬报账单。

三、总账管理模块的智能化解决方案

如图 2-2 所示，总账管理模块的业务范围一般包括凭证管理、费用预提、冲销与摊销、工资薪酬、关账、报表等主流程，每个主流程下又分为几个子流程，如凭证管理下包括系统凭证生成和手工凭证生成两个子流程；工资薪酬下包括工资薪酬计提、工资薪酬支付、工资薪酬冲销三个子流程；报表流程包括单体报表生成、合并报表生成和管理报表生成三个子流程。这些流程一般具有固定的操作步骤和操作规则，因此可以在系统辅助下实现自动操作。

以凭证生成为例，在财务核算系统中，总账模块和应收账款、应付账款、成本管理、固定资产等各个模块紧密相连，这些模块在进行业务处理的同时会采集财务所需的基础信息，由业务信息产生的数据，会自动对接至财务核算系统。由于相关会计分录的编制规则已经被人为定义好并被输入系统中，所以相关信息数据在传递至总账模块时会按照既定的规则形成记账分录，而不再需要人为进行判断和操作。

在费用预提、冲销与摊销流程中，费用预提流程包括月末准备费用预提申请材料、各级责任人审核费用预提申请材料、编制预提费用明细表、填写并提交预提费用报账单、审核入账；预提费用冲销流程包括月初查询预提费用台账、预提费用冲销处理；费用摊销流程包括费用报销、月末查询摊销费用台账、待摊费用摊销处理。无论是费用预提还是费用摊销等，均都可由系统自动完成。

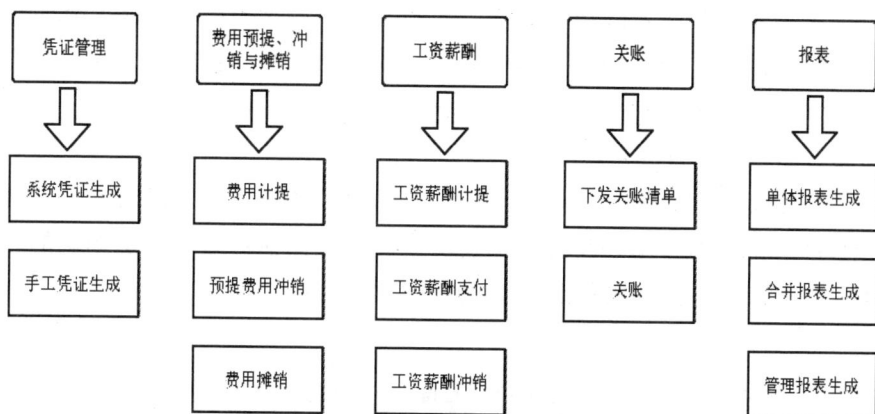

图2-2　总账及报告共享业务模块功能

四、案例分析

以某饲料企业为例，由于该企业业务板块较多，产品线较为复杂，其总账流程面临具体场景梳理的不可穷举性、业务规则的复杂性等问题，特别是与分、子公司的协同关账问题难度较大，如果流程设计复杂，单据量将显著上升。

该企业项目组结合财务中心前期标准化项目的推进，设计了22张总账单据，基本囊括了集团总部与饲料板块的所有总账业务。这些单据业务覆盖面较广，从传统的待摊、预提、集团化业务统一处理到行业化业务处理（如食堂损益核算）等均做了全面管理，且这些单据由总部统一处理。一张单据能够体现所有共享上线公司信息，如期权费用、审计费用、咨询服务费、内部往来结转、内部计息等。同时，审计调整事项由核算组织统一处理。

其基本设置原则主要包括以下三点：一是账务处理相对固定，且普遍应用的业务单独设置流程、表单，各核算单位分别发起流程；二是数据源统一的业务单独设置流程及表单实现核算共享，由归口部门统一发起；三是核算不固定且发生较少的业务，通过其他总账凭证处理申请流程实现，实现从流程推送凭证到总账系统。

在实际操作中，自动化手段的应用，使得总账核算显现出极大的便利性。非SAP人员在单据填写过程中，可不受制于SAP规则的困扰，同时可进行集团化业务的统一处理，实现关联业务多边处理入账。基于规则映射的应用在总账中体现得淋漓尽致：通过业务场景细分，映射相应的核算信息，可实现共享凭证自动化，在途单据预提、摊销业务等通过台账自动处理，预提自动冲销。

在关账应用方面，从月末预提的自动化到共享系统账期管理，从与 SAP 月末关账的协同到与分、子公司会计分工，项目组均做了相关的界定，这为该企业实现规则化关账奠定了良好基础。

第三节　应付应收账款管理的自动化

财务共享中心建立后，应收组和应付组都是人员较多、工作量较大的部门。应收组承担着整个集团及分子公司的开票、回款、核销、催收等工作，而应付组通常会为几十家法人实体或分支机构提供应付（AP）、总账（GL）、应收（AR）、费用等会计服务。通过采用端到端流程自动化解决方案，企业可以实现应收和应付业务的自动化处理，从而实现业务流程的明显优化，显著提高业务的完成效率和完成质量。

一、应付账款管理的自动化

（一）应付管理难题

如图 2-3 所示，传统的应付管理流程可以归纳为供应商开票→邮寄发票→企业财务处理→通知银行集中支付。

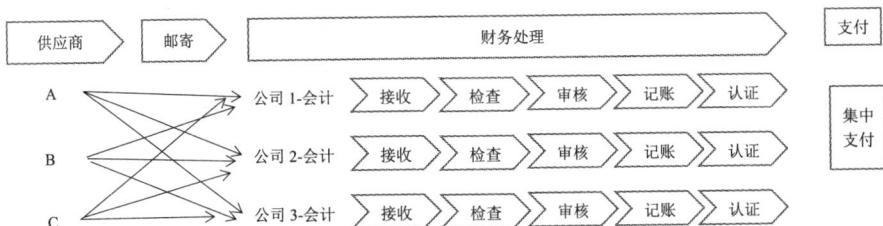

图 2-3　传统的应付账款管理流程

供应商开具相应的增值税发票，并分别邮寄到企业集团下属各分、子公司，分、子公司的会计人员接收发票后，需要进行检查发票真伪、审核发票、财务记账、发票认证等财务处理流程，最终通知银行集中支付货款。

从开票到付款的全流程中，对海量发票的处理是财务共享中心面临的巨大挑战：传统的发票处理方式是将纸质发票上的数据手工录入财务应用系统，这不仅费时费力，而且数据核对容易出错，难以保证数据质量，是一项低效且极耗内部资源的作业；月末大量纸质发票来不及录入系统，导致应计负债不准确；供应商争议无法及时记录、反馈，造成废票、错票引起的业务延迟和成本增加；一旦出现差异，企业内部的及时沟通存在困难，基本靠人工驱动，造成信息不连贯，处理缓慢；人工核对发票、订单（PO）和入库单（GR）的工作量巨大，核对容易出错、效率低下，处理不及时。

手工录入发票信息会给企业带来严重的风险，如信息可能不完整且不准确、任务耗时且效率低下，以及操作中解决方案可能出现分散现象，从而导致企业财务业务可见性不佳且易暴露在风险中。

应付（AP）每个环节上的相关人员也会面临以下一些问题。

（1）公司首席财务官（CFO）：公司的采购成本、财务费用和管理成本高于预期，应付账款管理的成本过高等问题。

（2）财务分析专员：面临对资金流出预测不足，现金折扣利用率低，导致资金供需不平衡等问题。

（3）采购专员：有支付货款不及时，与供应商的关系不好，对获得有竞争力的价格、折扣、信用评级和付款条件不利等问题。

（4）应付账款专员：有超过50%的时间解决异常情况，如处理重复发票、处理数据错误发票、响应供应商的电话查询和应对抱怨等问题。

（5）财务会计：面临跨部门调节发票，难以及时准确地统计应计负债和预测资金流出的问题。

（二）端到端的流程自动化

针对公司日常经营中遇到的应收和应付问题，企业可以使用基于光学字符识别（OCR）、供应商门户和工作流技术的发票管理实现从供应

商对账、发票扫描识别输入、三单校验到审批、记账的自动化、增值税
（value added tax，VAT）发票网上集中认证等技术来优化流程、提高工作
效率。

如图 2-4 所示，针对低效易错的传统应付管理模式，新技术催生的
端到端流程自动化系统采用 OCR 扫描识别技术，可确保文字识别率高，
减少信息错误风险，发票信息电子化也可提高业务处理速率；系统可以
自动对接供应商门户，完成对账，付款过程透明可查；系统采用发票自
动校验和工作流技术，可以自动分配任务，降低人工匹配所带来的失误；
系统可以实现发票集中认证，在共享服务中心一个点完成全国所有发票
认证；系统采用发票抽取技术，可支持抽取不同开票系统的开票数据；
系统还设置票据影像管理平台，利用大数据、云技术存储大量影像数据，
降低信息储存成本，提高储存安全性。[①]

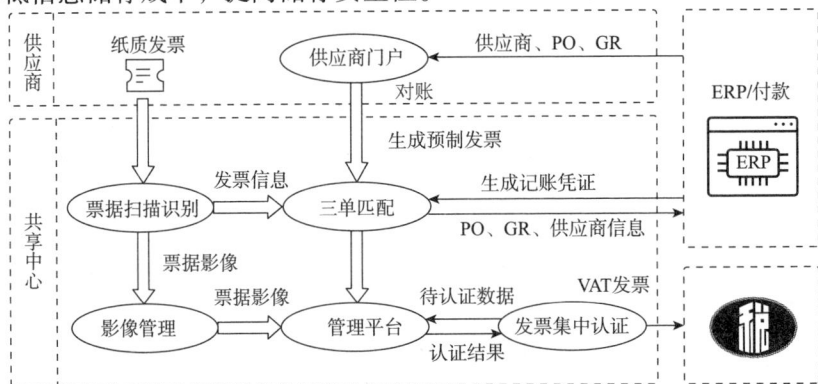

图 2-4　应付业务流程

如图 2-5 所示，企业在应付业务流程中采取端到端流程自动化系统
后，相对于传统的应付管理，将会发生以下变化：流程的步骤显著减少，
业务流程优化明显，自动化程度显著提升，工作效率显著提升。

---

① 余仕蛟 . 浅谈信息化在财务管理中的应用 [J]. 中国乡镇企业会计，2021（5）：
164-165.

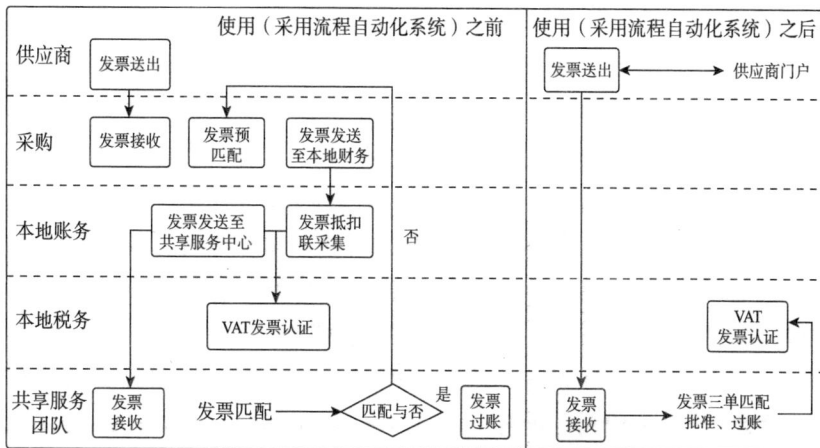

图 2-5 使用系统前后的应付业务流程对比

（三）发票管理的流程自动化

应付业务可以借助技术实现流程改造和自动化处理。如图 2-6 所示，应付业务管理的自动化更多地体现在发票管理流程的自动化上。应用 OCR 技术、工作流技术等先进技术后，发票管理流程从业务流升级为系统流，摆脱了手工业务处理方式，操作流程标准化、自动化。系统自动完成发票检查、提取信息录入系统、三单匹配等工作后，会计人员可以根据发票影像的提取信息在线审批记账、付款和进行税务认证。共享应付业务管理流程还可以规定异常发票处理标准流程，使系统自动按标准流程解决异常发票。流程的标准化和自动化，减少了财务人员的工作量，提高了业务处理效率。

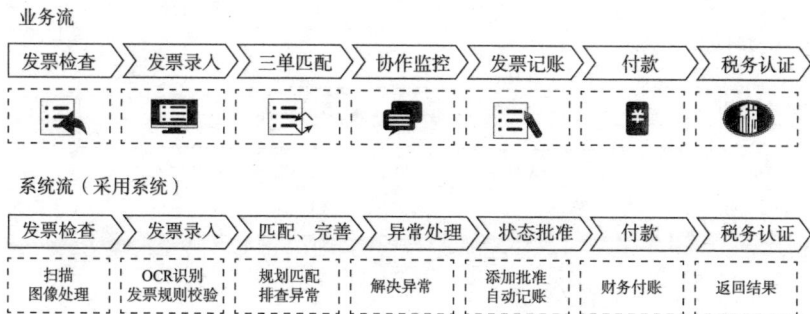

图 2-6 应付业务流程

自动化的发票管理流程有以下 11 个特点。

（1）自动对接供应商服务门户。供应商可以抽取并批量上传开票机的电子发票，从而减少手工录入发票的工作；导入 ERP 的供应商基本信息以及对应的订单（PO）、入库单（GR）文件，由供应商完成纸质发票对应的相关 PO、GR 信息，完成对账工作；通过自助服务的方式跟踪发票状态、付款和信用，从而减少电话、传真、邮件查询；供应商可以向财务共享中心发送查询请求，协同处理发票相关的争议；供应商可以调阅发票原始影像，帮助买卖双方实现更有效的沟通。

（2）发票扫描。财务共享中心扫描供应商开出的发票，将发票影像保存至文档影像服务器；能够对图像进行高比例的压缩处理；财务共享中心支持各式扫描仪，特别是高速扫描仪。

（3）发票 OCR 识别。发票 OCR 识别系统能自动读取发票影像并准确识别增值税专用发票、普通发票、运输发票等多种发票（识别率能达到 90% 以上，这里讲的是整张通过率，即 100 张发票能保证 90 张以上识别无误），在 ERP 系统中生成电子发票；支持多线程 OCR 识别，因为共享服务中心发票多，扫描仪速度快，OCR 速度需要做到和扫描速度基本同步；和扫描模块实现异步处理，即 OCR 识别程序在运行时不影响扫描发票工作。

（4）自动三单匹配校验。如图 2-7 所示，系统按照预定义规则对发票进行校验，对于物理发票号、公司代码、供应商、税率、货币等出现不一致的发票，或者是重复发票、合同无效发票、价格或数量存在差异的发票以及无法匹配采购订单行项目的发票，系统不予通过。

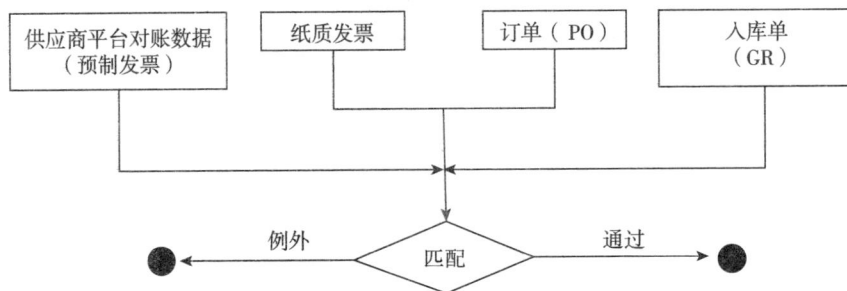

图 2-7　自动三单匹配校验

（5）异常处理。如果出现匹配异常，以及客户争议、例外处理等情况，工作流将自动通知相关人员做进一步检查，并显示在待办工作界面、手机短信、微信、邮件等中，用以提醒相关人员。

（6）审批。发票校验完毕后，工作流会自动将发票发送到主管环节供主管批准，主管可以通过网上审批或其他方式审批。

（7）自动记账。主管审批完成的发票将自动在 ERP 系统中记账。

①付款：ERP 记账后，工作流会自动将环节流转到付款专员处，待付款专员确认后，和资金管理系统或网上银行对接，完成给供应商付款的环节。

②网上集中认证：先由相关人员统计好收支情况，再确定这个月需要抵扣认证的金额、需要认证的发票。

（8）发票认证。操作人员可以灵活地选择待认证发票数据，系统会根据配置将待认证发票数据发送到相应的税务局进行发票认证，并接收认证结果，更新到集中认证系统中。

（9）数据导出。通过认证结果文件下载方式将认证结果导出。

（10）查询统计。操作人员可以方便地对认证情况进行汇总统计，并查看发票详细信息。

（11）调控暂缓。对一些特殊发票，操作人员可以进行标示隔离，本日或本月可暂时不进行发票认证。

（四）案例分析：T 集团财务共享系统的应付账款模块

1. 应付业务范围

如图 2-8 所示，T 集团财务共享系统应付模块包括订单采购、业务处理、发票处理和采购付款等四大业务范围。

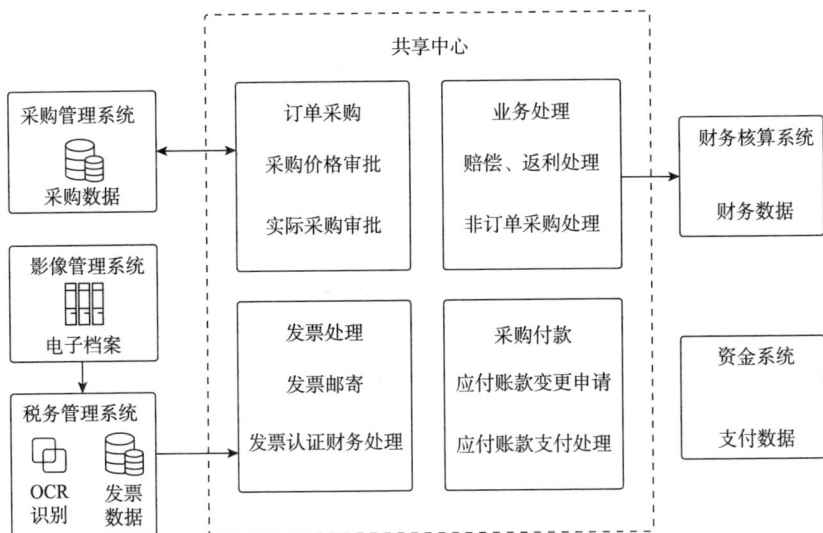

图 2-8　T 集团共享中心应付业务范围

订单采购包括采购价格审批、实际采购审批和非采价格管理等。非采价格管理主要涉及非采价格审批，非采价格审批由非采专员发起，是对在特殊类型物料采购前，先对其进行询价、议价的报价价格审批。

业务处理包括日常应付业务账务处理、应付付款账务处理、应付清账、供应商对账、应付账龄分析等。以日常应付业务账务处理为例，业务会计或共享应付会计提取应付报账单，对日常产生的应付账款进行账务处理，如返利、赔偿、缴纳进口关税等。

发票处理包括发票真伪性认证、发票校验与实物发票保管。发票的真伪由共享接单员在线下手工鉴别；发票校验由共享应付会计在核算系统上针对采购订单、收货单、发票进行三单匹配；发票入账后，则由共享档案组进行线下实物保管。

采购付款包括明细付款、预付款和余额付款。以明细付款为例，业务员按照应付账款的明细在共享平台界面上进行勾选后，再按照合计进行付款。

2.应付业务流程

在共享前，T 集团供应商开具发票，集中发起付款、审批与付款记账等工作都是手工完成的，并手工清账。共享后，T 集团供应商手工开具发票，集中发起付款、审批与付款记账都是共享中心完成的，并且共享中心能自动清账。

共享后，发票校验的工作由当地财务转移到共享应付组；付款申请由各业务中心采购员在共享中心中根据企业管理解决方案（system application and products，SAP）中该供应商的当前余额进行付款，即可付额度小于等于当前供应商余额合计；业务财务负责对每笔付款业务进行审核；由于财务共享，资金账户上收付款由共享资金组最终完成付款；对于满足系统清账规则的付款，由共享中心和 SAP 系统自动完成清账；其他特殊付款由共享应付组手工在月底一次性清账。

3. 系统实现思路

以应付账务和明细付款流程为例，总结 T 集团应付共享系统的实现思路。

当发生应付账务时，当地财务在共享系统中填写应付账款报账单，经业务领导审批后，由共享应付会计记账处理。

当发生明细付款时，先由采购员按照预先分配好的权限同步核算系统中对应供应商的应付明细数据；在共享平台界面上勾选对应要付款的明细后，单击生成支付通知单按钮，由系统自动创建单据，并进行自动校验，以确保本次付款金额未超过可付款金额；单据提交后，系统自动减少对应明细的可付款金额；当支付通知单提交成功并且经过业务领导、财务领导审批后，最终会在资金模块生成建议支付的金额，由资金模块按照实际付款金额安排进行付款并且生成付款凭证。

二、应收账款管理的自动化

应收和应付业务的流程基本相同，因此本书仅对应收业务进行简要叙述。

相对应付管理，应收账款管理流程由于涉及收入的确认而相对复杂。在共享中心，应收共享模块建立了一个完整的从销售至收款的流程，即客户管理→开票→核销→应收款管理的完整闭环，以实现共享中心对关键流程节点的集中管控，如图 2-9 所示。

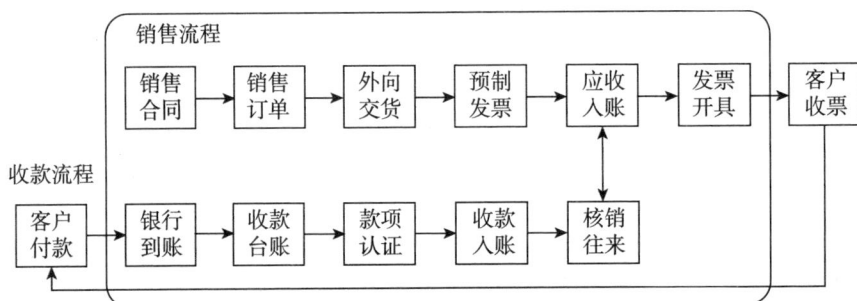

图 2-9　销售及应收业务

应收账款流程的核心业务包括订单及合同管理、开票及收入确认、收款及票据管理、对账反馈和内部控制等具体流程，简要介绍如下。

（一）订单及合同管理

该环节一般基于企业的电子商务系统和合同管理系统来完成。当市场人员提供获得的合同订单后，系统开始通过人工录入或者影像扫描、识别的方法来记录其中的关键信息，为后期财务共享的业务处理系统和 ERP 系统提供数据支撑。

（二）开票及收入确认

当业务人员提出开具发票的要求后，财务共享中心将审核相应的合同条款，开具发票。对于达到收入确认条件的确认收入，并将信息反馈到 ERP 系统中。

（三）收款及票据管理

当接到客户的付款通知后，财务共享中心将自动检查银行的付款记录，确认收款完成后，处理完成应收账款科目的会计处理。对于收到的票据，企业可以根据资金管理的需要进行票据贴现或者是背书处理。

（四）对账反馈

确认收款并入账后，通过客户关系处理系统将收款信息反馈给客户，并和客户定期对账，以发现可能存在的错误。

通过财务共享中心应收模块，企业能够实现应收完整业务循环的流程化管理，同时集团企业能够规范各分支机构应收入账、集中开票、收款认证等业务，这也是全流程自动化操作的前提条件。①

第四节　可视可控的资金管理

一、资金管理概述

资金被看作是企业运营的血液，因为资金不仅是企业进行各项经营的必备要素，还是各经济活动的财务反映。资金管理是公司财务管理功能的拓展和细化，在企业综合管理系统中处于核心位置。企业的资金状况不仅能够体现其资源配置状况、资源数量及质量状况，还能够代表其资本的构成状况和企业的产权状况，因此企业的资金状况对其生存和成长都具有非常重要的意义。掌握、控制好企业的资金就相当于抓牢了企业的生命线。

（一）资金管理的概念

所谓的资金管理，其实是指一种开放、动态以及综合性的管理，是在国家相关法律法规的引导下，参照资金运动的特征及规律，良好地开展企业资金的运动管理，有效处理不同资金之间的关系。具体地说，是对组织的资金流、资金的调度、资金的运转以及资金的结算等资金运动流程进行全面管理，包括对企业资金的筹集、产品的销售、资金的流入等进行全面的组织、协调以及控制过程。

（二）资金管理的意义

资金管理能够对企业资金进行科学有效的配置，提高资金的利用率。通过设置专门的机构或组织来对整个公司（集团）的资金状况进行监控

---

① 林玉蓉.企业应收账款管理优化研究［J］.行政事业资产与财务，2021（23）：103-104.

并进行有效安排，能够提高财务活动的专业化，促进资金的运作效率。一方面，资金管理利用便捷的网络平台，可以大大减少人力资源成本以及设备设置成本，同时资金管理通过集中投融资产生规模效应，可降低财务成本，尤其是可通过对内部资金的科学管理提高内部融资的比重，降低外部融资成本；另一方面，资金管理的目标在于站在企业战略的高度对企业资金进行系统运用，每一笔资金的运用都会有其科学依据，不再像传统的财务管理中资金运用具有很大的随意性，而是设置严格的内部控制进行管控，因此必然会提高资金的使用效率，进而为企业带来经济效益。

资金管理活动有利于降低财务成本，提高财务效率。新时期的财务管理已经基本都是通过信息技术进行操作，资金管理依托企业的管理制度和业务流程，以信息管理系统为技术支持，以授权为执行保障，以沟通机制为协调纽带，有效地提高了资金管理效率。例如：企业（集团）的批量付款不仅能够明晰资金的运用途径，而且能够降低传统单笔支付的时间。同时，资金管理活动通过内部融资的方式解决成员单位的资金不足情况，或者将金融业务内置化，通过母公司的纽带关系降低成员单位之间的借贷成本，能够大大降低整个集团公司的融资成本。

对资金进行集中管理能够降低整个集团的财务风险。一方面对，资金进行集中管理必定会降低外部融资，从而降低刚性融资成本，减小公司陷入财务困境的风险；另一方面，对资金的集中管理相对而言能够引起管理层的重视，使其站在集团的战略高度对资金进行科学预测、科学安排，减少盲目投资行为，在提高资金收益率的同时也降低了财务风险。

对资金进行科学有效的管理是企业应对金融环境变化的有效措施。企业的运作离不开资金，而资金的管理与宏观环境尤其是金融环境息息相关。目前，我国的企业正越来越与整个国际市场接轨，企业的发展不仅受国内金融市场的影响，将来会越来越受到世界经济的影响，利率变动、汇率变动，以及投资公司所在国家的金融政策都是进行资金管理必须注意的信息，同时网上银行的普及也需要公司对其交易规则进行掌握。资金管理通过专业化的人才进行更有利于提高对相关宏观环境变化的敏感性。

（三）财务共享模式对资金管理的影响途径

首先，对于集团公司而言，子公司财务流程不一致会给集团整合数据带来一系列麻烦，而财务共享中心的建立将通过系统集成来统一子公司财务数据，在财务共享服务模式下，会计核算和财务管理会更加规范化、程序化。通过财务会计、资金管理、债务及其他信息系统的集成，财务和业务可以更紧密地结合在一起，以确保集团可以对企业资金进行整体的管理和控制。

其次，利用流程再造后的财务共享服务中心集中管理基本的财务业务，不仅可以降低财务审计工作的成本，还可以通过规模效率和生产流程的运作来提高工作效率，让一些财务人员摆脱烦琐的工作，让他们可以有更多的时间参与更有价值的工作，如管理企业的资金。

最后，财务共享服务在企业资金管理中的应用可以让资金的流转更加透明和细化，能够提供更具体、更及时的数据给企业管理层进行决策，最终通过直接和间接的方式不断增强企业资金管理的能力。①

二、基于财务共享模式的资金管理框架

数字经济时代，基于财务共享服务模式的资金管理框架如图 2-10 所示。

财务共享中心云平台有用户层、应用层、服务层、数据层、业务层和基础设施层六个层级，企业各个单位、人员通过用户层的权限鉴别进入云平台，主要在应用层参与资金管理，服务层、数据层、业务层和基础设施层都为应用层提供技术帮助。首先，基础设施层营造了一个稳定、高效处理海量数据的硬件环境；其次，业务层内有与企业业务相匹配的全部信息化系统，这些系统包含海量的原始数据，这些数据进入数据层后先经过数据处理技术初步处理后到达数据仓库，再通过服务层进一步处理数据；最后，形成较完善的数据支持服务，服务层还提供数据传输、数据存储等保障数据安全的服务。下面从资金预算管理、资金控制管理、资金监督管理和资金考核管理四个方面进行详细阐述。

---

① 韩文元.企业资金管理的现状和完善途径[J].现代商业，2022（7）：190-192.

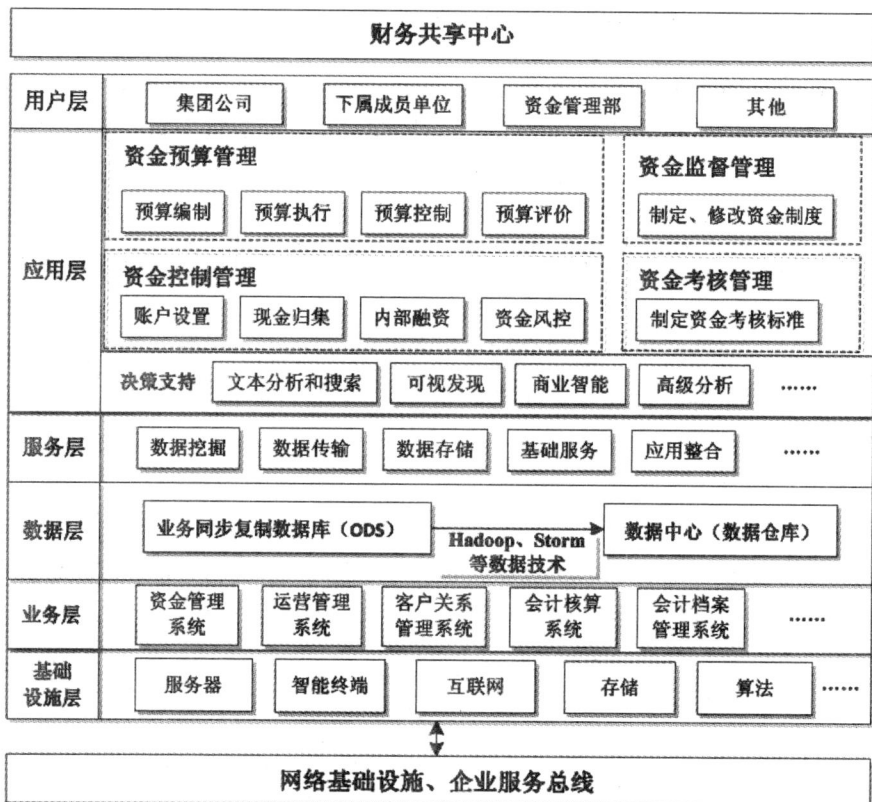

财务共享中心				
用户层	集团公司	下属成员单位	资金管理部	其他
应用层	**资金预算管理** 预算编制　预算执行　预算控制　预算评价			**资金监督管理** 制定、修改资金制度
	资金控制管理 账户设置　现金归集　内部融资　资金风控			**资金考核管理** 制定资金考核标准
	决策支持　文本分析和搜索　可视发现　商业智能　高级分析　……			
服务层	数据挖掘　数据传输　数据存储　基础服务　应用整合　……			
数据层	业务同步复制数据库（ODS）　Hadoop、Storm等数据技术　数据中心（数据仓库）			
业务层	资金管理系统　运营管理系统　客户关系管理系统　会计核算系统　会计档案管理系统　……			
基础设施层	服务器　智能终端　互联网　存储　算法　……			
网络基础设施、企业服务总线				

图 2-10　基于财务共享服务模式的资金管理框架

（一）资金预算管理

资金预算是在一定时期内（通常为一年或一年以内），归集和反映企业收入、支出的来源、数额和用途，代表企业资金活动的方向和内容。编制资金预算是加强资金管理水平，提高资金管理安全性，强化资金利用价值的重要控制工具。由于各成员单位把财务业务集中到财务共享中心，因此财务共享中心的财务人员通过云平台根据各成员单位总经理秘书报送的工作计划书编制集团和各下属成员单位的资金预算方案，细化到各成员单位中业务部门的资金预算方案通过云平台实时查询、比较和监控，使得在管理预算执行差异时可将责任迅速精确到某笔业务或某个人。财务共享中心可采用收付实现制编制资金预算，在考虑一定概率的基础上尽可能在短时间内预测未来资金流量。数字经济时代的资金预算管理体系包括预算编制、预算执行、预算控制和预算评价等几个方面，企业的资金数据资源不限于用二维表结构进行逻辑表达，包括流动资产、存货、固定资产等资金结构化数据，以 XML、HTML 文档等半结构化数据与图像文件、音频和视频等完全无结构化数据，这些资金数据资源为企业资金预算管理打下了坚实的基础。资金预算管理流程具体如图 2-11 所示。

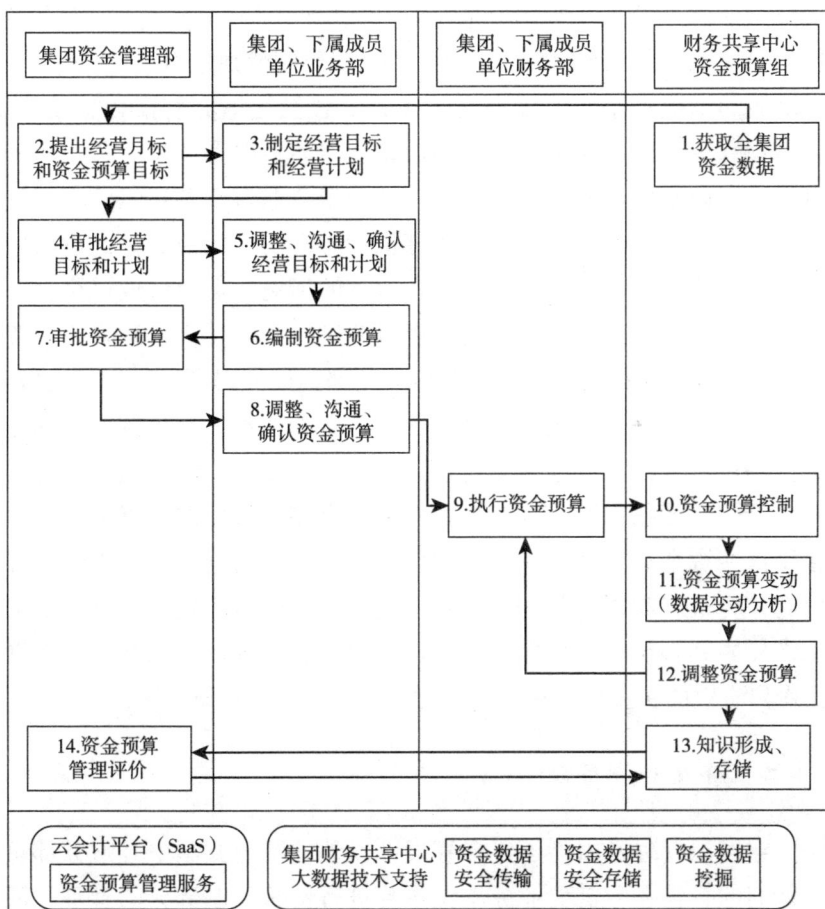

图 2-11　资金预算管理流程

首先，资金预算需要集团资金管理部和集团、下属成员单位财务部在全集团经营目标和资金预算目标的基础上通过云平台反复调整、沟通、确认后完成编制。数字经济时代的财务共享服务模式采用数据集中的预算编制能够更科学地运用企业的资金数据。比如，对于原材料供应商的选择，用 Clara、Birch 等聚类算法分析资金数据能取得集团、下属成员单位需要的全部原材料的种类和数量，然后凭借数据分析结果选择最合适的原材料供应商。其次，财务共享服务中心会采用人工智能识别预算数据和经营业务数据的不同，同时在设立示警阈值的情况下进行对比，可设 5% 或者 10% 为示警阈值，当单项业务实际支出变动额的绝对值达到相应预算的 5% 时发生示警，那么示警阈值是 5%；当单项业务实际支出变动额的绝对值达到相应预算的 10% 时发生示警，那么示警阈值则是 10%。

财务共享服务中心云平台会采用人工智能处理分析预算变动数据，并找出预算变动原因和可能带来的后果，然后由财务共享服务中心资金预算组适当调整资金预算。问题的关键在于企业资金预算组监督管理的是对集团经营业绩影响较大的、预算控制难以实施的业务，而没有监管全部业务。最后，整个资金预算流程留下的历史数据会形成资金预算知识库来帮助人工智能的运行，也可以以此进行资金预算管理评价。资金预算执行之后，集团、下属成员单位业务部门能够得到拨付的相应资金，往后将产生海量的资金控制管理、资金监督管理和资金考核管理的相关数据。企业所有的由资金预算管理、资金控制管理、资金监督管理等流程产生的资金数据都要存入资金数据安全存储模块，之后资金知识库通过接受这些资金数据来形成相应的资金知识，并根据资金知识的特征进行分类，为最终的资金管理评价提供支持；同样地，资金管理评价的内容也需要回到知识库。全部的这些资金数据和资金知识也能为来年管理人员做出有效的决策给予帮助，至此一个循环系统就此生成。

（二）资金控制管理

资金控制管理是由除了资金管理部以外的财务共享中心财务部负责的，他们的日常业务需要业务单位本身进行资金控制部分的管理，需要参照企业资金制度的要求进行控制。资金控制管理包括账户设置、账户支付结算原则、现金归集、内部融资和资金风控等部分。账户是集团、下属成员单位和银行之间进行资金核算的基础，这里将账户分为对外账户和对内账户；账户支付结算原则选择已收定支和超额定支两种；现金归集是指企业在财务共享中心设立现金池账户，由于共享中心对整个集团财务真实性、完整性的掌握，按照云平台用户设置的现金归集规则对下属成员单位超过限额的现金自动划转到现金池账户，同时调整下属成员单位结算账户的日常经营现金限额，这是在不改变现金所有权的条件下加强现金管理；内部融资是企业高管利用财务共享中心云平台把闲置资金在集团内部进行融资，闲置资金的来源包括集团和下属成员单位，但需要用共享中心云平台注意这笔资金对流出单位的影响和后续利用情况，由于财务共享中心对全集团财务的把控和云平台的高度共享、多方位资金支撑服务的特性能较好地实现内部融资控制；资金风控在财务共享中心主要是针对业务的资金周转风险和资金营运风险。资金控制管理具体流程如图 2-12 所示。

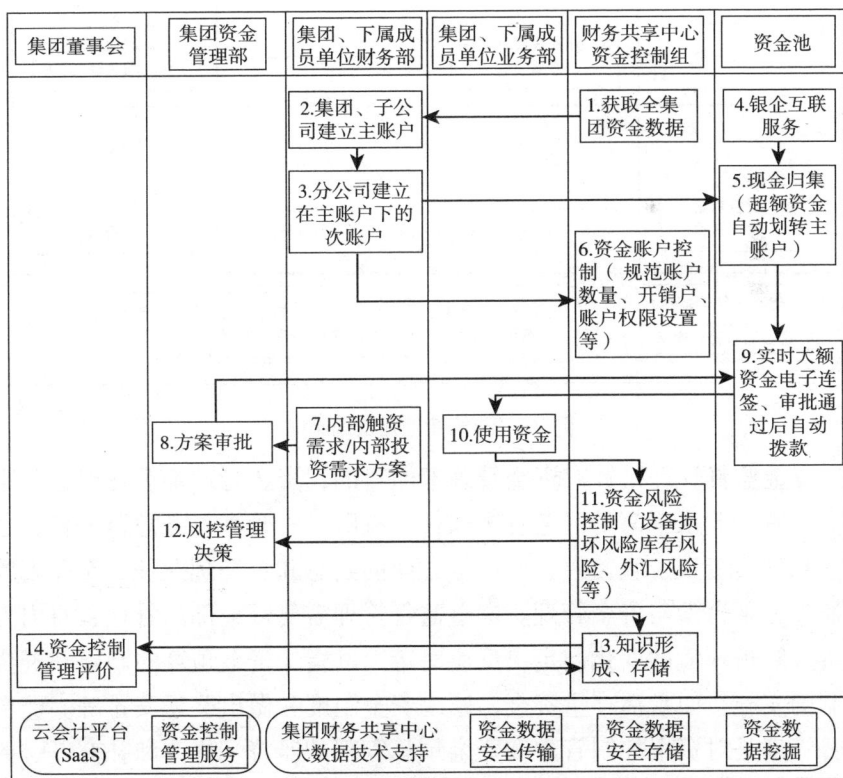

图 2-12　资金控制管理流程图

（三）资金监督管理

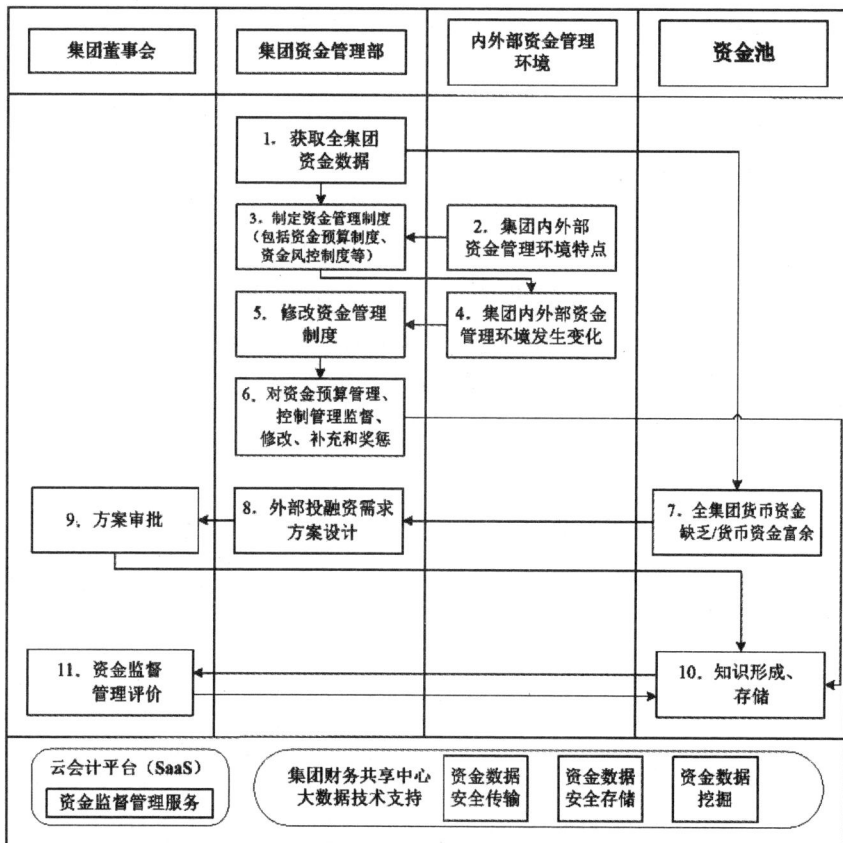

图 2-13　资金监督管理流程

资金监督管理是针对资金管理部而言的，资金管理部设在财务共享中心，有专业水平高的财务骨干兼任，有财务主管和财务总监兼任，也有信息部负责人，管销售、生产等方面的副总和总经理兼任，企业高管们通过云平台参与资金管理。资金监督管理需要资金部的管理者对内外部资金管理环境的变化制定出反应对策，以指导资金预算的制定和资金控制的实施，如盘活存量资金、修改资金制度和做出奖惩安排等。资金监督管理是对资金控制管理和资金预算管理的监督、修改和补充。财务共享中心云平台有数据仓库和数据挖掘两大模块，数据仓库作为一个特有的资金资料存储环境，它会把资金监督管理以各个主题域进行组织，如资金预算制度修改、资金控制制度修改、存量资金盘活和奖惩安排等。数据挖掘是从数据仓库中提取具有主题性的、集成的和时变的资金数据，通过数据清洗、相关性分析和聚类算法等方式发现知识，从中寻找到潜在的有用信息，然后根据这些信息发现关联性规律并帮助企业高管做好资金监督管理。对于需要人员判断的资金管理决策部分，由于资金管理部拥有企业众多通晓财务、业务的高管人才，而且财务共享服务中心云平台拥有指引重点问题的刺激直觉判断机制，在云平台提供的具体可靠的资金信息、业务跟踪和资金管理决策等服务的支持下，将最大可能地帮助企业高管对资金控制管理和资金预算管理进行合理监督、修改和补充。资金监督管理流程如图 2-13 所示。

（四）资金考核管理

资金考核管理是由财务共享中心的财务部制定一系列资金考核标准，然后对报告期内资金指标的实际完成率与考核标准进行对比，以期评价资金利用的效率。财务共享中心的财务部可在云平台的资金考核管理模块上制定资金考核标准，包括绝对指标、相对指标、评分和指标完成百分比等。当集团、下属成员单位资金流动信息形成的结构化、半结构化和完全无结构化数据全部集中在财务共享中心云平台时，通过云平台的大数据相关性功能用同质性、可分辨性、可描述性等标准将海量数据加以规整，可确认有关责任单位和个人在哪一步的细节上出现问题，不同的责任单位需对相应资金责任指标负责，很大程度上保障了资金考核标准的完成。在此基础上，资金部的管理者以考核标准的完成度为参考对有关责任单位做出相应奖励、惩罚，以及做出可能因资金考核管理发现资金管理环境变化的决策等。资金考核管理流程如图 2-14 所示。

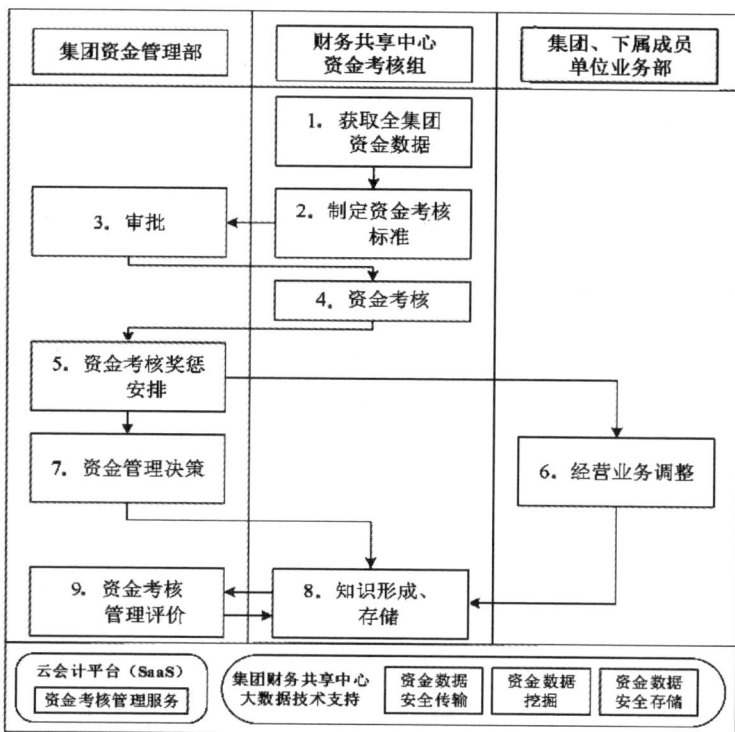

图 2-14 资金考核流程

三、其他资金管理技术

（一）银企互联技术

银企互联的实现通常是财务共享服务对资金结算的基本技术要求。在企业常见的付款方式（如柜台转账付款、网银付款和银企互联付款等）中，银企互联付款是最为便捷的模式。[①]

银企互联系统就是将网上银行系统和企业的财务软件系统相连接，从而在封闭通道中进行支付数据交互的系统。企业财务共享中心的银企互联系统，包括银行账户管理、资金转拨管理以及快捷的银行支付管理等功能。

---

① 郭建勤，林相君.基于财务共享中心的银企互联平台建设 [J].中国新通信，2018，20（19）：229-230.

银企互联系统包括两种模式，即银企直联和银企互联。银企直联是由企业提供 ERP 系统的标准接口，银行配合企业客户 ERP 系统进行接口的接入；银企互联指的是由银行提供标准接口给企业，再由企业按照银行提供的接口标准进行接入。

银企互联系统的实施过程中，应重点关注支付信息的可靠性。为配合系统实施，通常需要在网络报账或其他前端系统中存储员工及供应商银行账号信息，一旦前端业务处理环节确定，出纳环节就不可更改，以确保资金安全。

此外，银企互联系统需要和银行签订协议，并在其配合下进行系统实现。因此，系统实施前需谨慎选择一家或多家合作银行，而且在进行治谈时，需重点关注支付手续费、接口方式以及是否能够实现和银行数据交互等内容。如果能进行数据交互，还可以关注是否能够实现与银行间的自动对账等高端功能。

银企互联解决的是企业到银行之间信息传递的问题，实现了企业和银行双方不落地的数据交互，以及高效的支付数据提交、处理和反馈。通过系统间的有效传递，企业集团账户数据更加透明、资金流向更加精确，有效缩短了收付过程，同时也能不断提高企业集团内外部客户的满意度。另外，由于截断了人为干预的渠道，资金支付风险也得到了有效的控制。

（二）资金的自动划拨

基于系统设定规则，对资金的归集方式，如先横后纵等进行定义，由系统在指定的时间自动完成相应的上划下拨。资金的自动划拨，一方面降低了 FSSC 的日常操作难度，另一方面有效地支撑了企业集团资金池的建立和管理。

（三）资金凭证的自动生成

传统模式下，资金完成结算和划拨操作后，需要手工完成会计凭证的记录。而自动凭证的功能则通过在资金系统中建立会计引擎实现，根据设定的规则，自动完成结算和划拨凭证的处理，从而有效地提升制证的效率和准确性。

（四）来款的智能清分

通过预先定义规则，对企业收到的来款进行性质识别，如区分是否属于销售回款，再进一步进行客户匹配，初步清分企业的各项来款。依托后续流程的支持，各项来款能够更加快速简单地完成核销等账务处理。

第三章　企业智能财务分析与决策

第一节　基于可视化技术的企业财务分析

一、可视化技术概述

(一) 可视化技术的概念

可视化 (visualization) 技术，顾名思义，就是将各类原始数据信息以图形、动图、地图等生动直观、易于理解的形式表现出来，从而增加信息可读性的一种技术。在可视化技术的基础上，将人们的认知能力和计算机的图形和图像技术相结合，实现人机交互的效果，可以挖掘不同时空维度的数据价值。1987 年，美国国家自然科学基金会在华盛顿召开科学计算可视化研讨会，首次提出"科学计算可视化"这一概念，即将图形和图像技术应用于科学计算的全新技术领域。自此之后，可视化的衍生概念也不断出现，不断扩充着边界。截至目前，随着可视化概念的不断演变以及大数据时代的到来，数据可视化 (data visualization) 成了可以涵盖科学可视化和信息可视化的新概念。

早在 19 世纪，可视化就已经应用于人们的工作和生活之中。最典型的案例为伦敦霍乱地图和南丁格尔的鸡冠花图。如果深入研究，我们就会发现可视化在很早之前就已经以一种未被命名的形式应用在人们生活的各个角落，只是前期的可视化还没有计算机技术的加持且数据量较小，多为手工绘制。其实，数据可视化离人们的工作和生活并不遥远，从使用 Excel 制作第一张用以分析的图表起，数据可视化就已经进入人们的视野。在《可视化数据》一书中，Ben Fry 将数据可视化细化为获取、分析、过滤、挖掘、表述、修饰和交互七个阶段，如图 3-1 所示。其实，无论是手工制图还是利用 Excel 或市面上的数据可视化工具进行数据信息的可视化，都需要遵循该流程，只是对不同阶段的侧重程度不同。

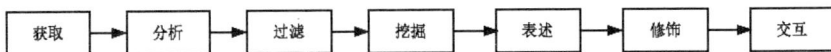

图 3-1　可视化阶段

以常用且熟悉的 Excel 制图为例。首先，要从各个地方获取需要加以分析的数据。例如，当获取一家企业各年的销售数据时，需要从企业的销售部门提取详细的销售记录。其次，通过对不同类别的销售记录进行排序等分析方式发现这些数据不同的价值，然后再对其进行筛选，保留对进行分析和决策有用的信息，之后再深入挖掘数据中的规律。完成数据的整理、加工之后，便可在 Excel 中生成相应的图像，再根据所要分析的具体事项选择最实用的图表类型进行修饰。当然，也可以根据所分析的方向添加一些相对便捷的操作方式。实际上，在日常学习和工作中应用 Excel 时已经重复了无数次数据可视化的流程，而如今，大数据时代的来临对数据分析提出了新的要求，Excel 在很多情况下可能难以支撑如此巨大的数据量，人机交互的效果对比其他应用也相形见绌。计算机科学与技术的发展赋予了可视化全新的生命力，也为人们提供了更加智能、便捷的可视化工具。

（二）大数据时代的可视化技术

2011 年 5 月，麦肯锡发表了题为《大数据：创新、竞争和生产力的下一个前沿》（*Big data：The next frontier for innovation，competition，and productivity*）的著名研究报告，标志着大数据时代的到来，人们的思维方式以及处理数据的方式也发生了相应的变革。《大数据时代》一书阐明了在大数据时代产生的一系列变革，其中包括人们在进行数据分析时的三个转变：一是随着人们对数据量要求的提高以及信息技术的发展，我们不再依赖于随机采样，对全部样本的分析成为新的可能；二是海量数据也使人们适当忽略微观层面的精确度，而是放眼于整个宏观层面，在混杂的数据中洞悉数字之间的联系；三是由于事件发展的错综复杂，因果关系在很多时候失去了可取性，我们更应该"寻找食物之间的相关关系"（Viktor，2012）。在"万物皆数"的时代，数据本身的内涵和范围被不断扩充，数据的爆炸性增长以及其夹杂的大量信息为企业和社会的发展带来了巨大的挑战，也为其提供了前所未有的机遇。同时，可视化技术的价值得到了前所未有的重视，可视化的表现形式也更为丰富。

大数据时代的可视化在保证数据获取、整理和分析效率的基础上，对可视化的持续性、分析的深入性和决策支持力度提出了更高要求，服务导向性也更高。随着信息技术的发展，各种数据可视化工具应运而生，这些工具不仅利用色彩提升了可视化的视觉效果，增强了信息表达的准确性，还帮助人们在大量的原始数据中筛选、计算出有用的信息，弱化那些不太重要的信息对人们进行相关分析决策的影响，为用户提供动态联动的图表，从而为人们发现信息之间的关联提供便利。Power BI 工具便是其中之一。

二、基于 Power BI 的财务可视化分析

（一）存货分析

以某服装销售公司 A 公司为例。对 A 公司的存货进行分析，内容包含对当前库存数量、库存金额、库存款式数量、零星款式数量等的分析，并从年份、季节、类别、货龄等多个维度查看 A 公司存货的库存结构和库存分布，从而了解整体库存情况。存货分析步骤如图 3-2 所示。

```
┌──────────┐   ┌───────────┐   ┌──────────┐   ┌──────────┐
│获取Excel数据源│→│建立度量值和辅助列│→│制作年份、季节、切│→│制作数量卡片图│
└──────────┘   └───────────┘   │  片器    │   └──────────┘
                               └──────────┘         │
┌──────────┐   ┌───────────┐   ┌──────────┐   ┌──────────┐
│制作可视化报告-货龄│←│制作产品类别折线和│←│建立度量值和辅助列│←│制作环形图│
│区间瀑布图│   │簇行柱状图  │   └──────────┘   └──────────┘
└──────────┘   └───────────┘
```

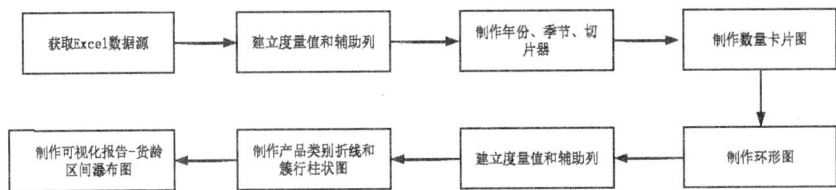

图 3-2　存货分析步骤

1. 获取 Excel 数据源

点击"主页"选项卡，打开"获取数据"下拉菜单，选择"Excel"选项，打开"存货分析 – 数据源"这个 Excel 文件。此时，Power BI 会自动弹出导航器窗口，勾选左侧"存货明细"选项后，点击右下角"加载"按钮，就可以成功地将 Excel 中的数据加载至 Power BI 中了。

2. 建立度量值和辅助列

加载数据源后，在 Power BI 右侧的"字段"栏中会显示 Excel 数据源中的现有字段。根据存货分析及可视化报告制作的需要，需新建度量值和辅助列。右键点击"存货明细"，在弹出的菜单中选择"新建度量值"，页面转换显示"度量工具"页面，在编辑栏中即可输入所需新建的度量值及其公式。

3. 制作年份、季节切片器

点击"插入"选项卡，选择"文本框"，输入文本"存货分析仪表盘"，在浮动菜单栏中完成修改字体等选项设置。在制作年份切片器时，需要在右侧"可视化"菜单中选择"切片器"选项，将"字段"菜单中的"年份"拖动到"可视化"菜单下的"字段"栏中。此时，左侧窗口出现年份切片器，单击切片器右上角"选择切片器类型"，在弹出的下拉菜单中选择"下拉"选项。选择"可视化"菜单下的"格式"按钮，可以显示切片器格式调整选项，单击切片器将其拖动到合适的位置，这样年份切片器就建好了。季节切片器可采用同样的方法可建立。

4. 制作库存数量、库存金额、款式数量、零星款式数量卡片图

在"可视化"菜单中选择"卡片图"按钮，将右侧"字段"菜单下的度量值"库存量"拖动到"字段"栏中，左侧窗口就出现了"库存量"卡片图。按照相同的方式依次建立"库存金额""款式数量""零星款式数量"卡片图。单击"可视化"菜单下的"格式"按钮，可以调整卡片

图的格式，如数据标签、边框选项等。

5. 制作年份、季节、性别款式环形图

在"可视化"菜单中选择"环形图"按钮，将右侧"字段"菜单中的"年份"拖动到"图例"栏下，将"库存金额"拖动到"值"栏下，右击"值"栏下的"库存金额"，在弹出的菜单中选择将值显示为"占库存金额的%GT"。之后，单击"格式"按钮，调整环形图的图例、数据颜色、标题等格式内容。按照同样的方法建立季度、性别款式环形图。

6. 制作产品类别折线和簇状柱形图

在"可视化"菜单中选择"折线和簇状柱形图"按钮，将右侧"字段"菜单中的"类别"拖动到"共享轴"栏下，将"库存金额"拖动到"列值"栏下，将"款式数量"拖动到"行值"栏下。之后，单击"格式"按钮，调整折线和簇状柱形图的标题、X轴、Y轴等格式内容。

7. 制作可视化报告——货龄区间瀑布图

在"可视化"菜单中选择"瀑布图"按钮，将右侧"字段"菜单中的"货龄区间""类别"和"款式"拖动到"类别"栏下，将"库存金额"拖动到"值"栏下，右击"值"栏下的"库存金额"，在弹出的菜单栏中选择将值显示为"占库存金额的%GT"。之后，单击"格式"按钮，调整折线和簇状柱形图的标题、X轴、Y轴等格式内容。

由于瀑布图的类别选择了"货龄区间""类别"和"款式"三项，可以单击图示中的向下箭头，启用"向下钻取"功能，逐一获取某项货领区间的详细分析。

（二）盈亏平衡分析

盈亏平衡分析是指结合收入、成本、费用等各因素，判断企业盈利情况，为企业的经营决策提供参考。盈亏平衡点是收入等于总成本时的销售额。其中：

$$总成本 = 固定成本 + 变动成本$$

式中：变动成本包括销售折扣、进货成本、员工提成等；固定成本包括固定资产折旧或租金、员工底薪、水电费及其他日常开支等。

下面以一家销售公司情况为例，介绍盈亏平衡分析模型的建立过程。

1. 新建变量参数

打开 Power BI 软件，单击"建模"选项卡下的"新建参数"，弹出"模拟参数"菜单，填写名称、数据类型、最小值、最大值、增量等基本数据信息后，勾选"将切片器添加到此页"，点击"确定"按钮，生成"人员数量"调节滑块，可以通过拖动滑块来调节人员数量，并按照同样的方法设定销售额及各类固定成本、变动成本调节滑块。

2. 建立各参数之间的关系

新建一张空表，用于存放新建的度量值。具体操作如下：点击"主页"选项卡下的"输入数据"，输入表的名称为"存放度量值"，点击"加载"按钮，在右侧"字段"菜单中会出现"存放度量值"工作表。

3. 添加卡片图

在"可视化"菜单中选择"卡片图"按钮，将右侧"字段"菜单下的度量值"固定成本"拖动到"字段"栏中，左侧窗口中就出现了"固定成本"卡片图，点击"格式"按钮对卡片图的背景颜色、标题字体等进行调整。按照相同的方法依次建立变动成本、总成本、净利润、净利润率以及盈亏平衡销售额等卡片图。

根据企业的实际情况，拖动各成本要素、销售额以及人员数量等的滑块调整其数量，就能方便快捷地显示出当前情况下的成本、利润以及盈亏平衡销售额等数据信息，方便财务人员进行决策。

（三）财务报表分析

本部分以利润表为例进行财务报表分析。利润表反映了企业在一定会计期间的盈利状况，可以全面反映企业在该期间的收入、成本以及利润情况。下面以同行业的两家上市公式利润表为例，从公开年报中获取其近十年的利润表数据，通过纵向和横向维度对比两家企业的盈利状况。利润表分析模型的建立过程如下。

1. 将两家公司的利润表数据导入 Power BI 并进行数据整理

点击"主页"选项卡下的"获取数据"，在下拉菜单中选择"更多"后，弹出"获取数据"对话框，依次选择左侧的"文件"选项与右侧的"文件夹"选项，然后点击"连接"按钮。在弹出的对话框中选择要加载的文件夹的路径，在弹出对话框中单击"转换数据"按钮，进入 Power Query 编辑器。

在 Power Query 编辑器内进行加工，首先删除除第 1 ~ 2 列之外的其他列内容，其次添加自定义列。单击"添加列"选项下的"自定义列"，弹出对话框后，在"自定义列公式"中输入"=Excel.workbook（[content]）"，单击"确定"按钮，对 Excel 中的数据进行合并。

点击"自定义"栏右侧的按钮，勾选"Date"和"Item"选项，点击"确定"。

点击"Data"栏右侧的按钮，即可展开相关数据内容，对数据进行相应的整理即可。

在 Power Query 编辑器中添加"报表科目列表"，将利润表的科目放入其中，并添加"索引"列，以方便后续按照固定的顺序显示利润表项目。

通过"合并查询"功能将利润表和报表项目列表中的"索引"列进行合并，此项功能相当于 Excel 中的 VLOOKUP 函数功能。在利润表的页面点击"主页"选项卡下的"合并查询"，弹出"合并"对话框，先选择利润表的"科目"列，然后在下拉菜单中选择"报表科目列表"这一选项，显示出本表内的列，再点击"科目"列后，单击"确定"，就完成了以两张表的科目为基准进行的合并。

进行数据整理后，点击"主页"选项卡下的"关闭并应用"，即回到 Power BI 的页面。

2. 制作利润表明细矩阵

为了方便显示不同单位的数据，先创建一张辅助表，方便进行单位换算。点击"主页"选项卡下的"输入数据"，在弹出的"创建表"对话框中手动输入数据。将表的名称改为"显示单位表"，单击"加载"按钮。

加入公司名称和显示单位切片器。点击"可视化"菜单下的"切片器"按钮，将"字段"菜单下的"公司名称"和"显示单位"拖入"可视化"菜单的"值"栏下，分别生成公司名称切片器和显示单位切片器。点击"格式"按钮调整边框、显示方向等内容，鼠标单击拖动切片器可将其调整至合适的位置。

右键单击"字段"菜单下的"利润表"，在弹出的菜单中点击"新建度量值"，在编辑栏内输入下列内容，建立显示金额的度量值：

> 显示金额=IF(HASONEVALUE ('显示单位表'[显示单位])，DIVIDE
> （SUM ('利润表'[值]），VALUES ('显示单位表'[计算标准])），
> SUM ('利润表'[值]) ）

在"可视化"菜单中选择"矩阵"按钮，将右侧"字段"菜单中的"科目""年份"和"显示金额"分别拖动到"行""列"和"值"栏下，单击"格式"按钮，调整矩阵的格式内容。可以通过点击公司名称和显示单位切片器，在矩阵内显示不同公司、不同显示单位的数据内容。

3. 制作利润表分析仪表盘

首先，建立公司名称、年份切片器。

其次，建立关键分析指标的度量值。在"字段"菜单下右键单击"利润表"，分别在编辑栏中输入下列内容，建立相应的度量值：

> 营业收入= CALCULATE （[显示金额]，'利润表'[科目]="一、营业总收入"）
> 营业成本=CALCULATE （[显示金额]，'利润表'[科目]="营业成本"）
> 营业总成本=CALCULATE （[显示金额]，'利润表'[科目]="二、营业总成本"）
> 营业成本率= DIVIDE （[营业成本]，[营业收入]）
> 管理费用=CALCULATB （[显示金额]，'利润表'[科目]="三、管理费用"）
> 管理费用率=DIVIDE （[管理费用]，[营业收入]）
> 销售费用=CALCULATE （[显示金额]，'利润表'[科目]="四、销售费用"）
> 销售费用率=DIVIDE （[销售费用]，[营业收入]）
> 营业利润= CALCULATE （[显示金额]，'利润表'[科目]="五、营业利润"）
> 净利润= CALCULATE （[显示金额]，'利润表'[科目]="净利润"）
> 净利润率= DIVIDE （[净利润]，[营业收入]）

再次，建立营业收入卡片图。点击"可视化"菜单下的"卡片图"按钮，将"字段"菜单的"营业收入"拖入到"值"栏下，并点击"格式"按钮调整卡片图格式。按照以上方法分别建立营业总成本、净利润、营业成本率、管理费用率和销售费用率卡片图。

最后，建立年营业收入的柱状图。点击"可视化"菜单下的"簇状柱形图"按钮，将"字段"菜单的"年份"和"营业收入"拖入到"轴"和"值"栏下，并点击"格式"按钮调整卡片图格式。建立净利润变化率的折线图，点击"可视化"菜单下的"折线图"按钮，将"字段"菜

单的"年份"和"净利润率"拖入到"轴"和"值"栏下，并点击"格式"按钮调整卡片图格式。按照同样的方法，分别建立管理费用率变化折线图和销售费用率变化折线图。单击鼠标左键拖动更改布局，点击公司名称或年份切片器即可显示不同数据内容。

（四）杜邦分析

杜邦分析法是企业财务分析中一种非常重要的分析方法，在实践中应用广泛。本部分以三一重工股份有限公司（以下简称"三一重工"）为例，具体介绍如何利用 Power BI 进行杜邦分析。

1. 数据准备

获取上市公司财务报表数据，整理数据，导入到 Power BI 中。点击"主页"选项卡下的"获取数据"，选择"三一重工财务报表"这个 Excel 文件。在弹出的导航器窗口的左侧逐一勾选各个表格名称后，点击右下角的"转换数据"选项。

程序自动跳转至 Power Query 编辑器，在该编辑器中对各报表数据进行处理。先处理资产负债表数据，选择左侧栏中的"资产负债表"，在菜单栏中选择"将第一行用作标题"。

选中表格中的前三列，即"类别""分类""报表项目"这三列后，点击鼠标右键，选择"逆透视其他列"。按照同样的方法对利润表和现金流量表分别进行处理。

此外，利润表还需要按照固定的顺序进行显示，这就需要利用合并查询的方式进行数据处理。具体操作方式如下：

单击"文件"选项卡下的"合并查询"，弹出"合并"对话框。单击选择利润表的"报表项目"一列，在下拉菜单中选择"利润表索引"后，单击其"报表项目"这一列，点击"确定"按钮。

程序自动回到 Power Query 编辑器，在表格的最右侧自动多出一列"利润表索引"。单击标题行"利润表索引"右侧的按钮，自动弹出选择对话框，勾选"索引"这一列，程序就自动将"利润表"和"利润表索引"这两张表格通过"报表项目"这一共同的列建立起相互联系。

至此，在 Power Query 编辑器中的数据处理已经完成，单击左上角

"文件"选项卡下的"关闭并应用"后，程序跳转至 Power BI 界面。

2. 构建关系

在 Power BI 界面中，点击左侧的"模型"按钮，构建各个表格之间的数据关系。鼠标单击年份表格中的"年度"拖动至资产负债表中的"年度"上，松开鼠标，就自动构建了两张表格之间的关系，同样对利润表和现金流量表中的"年度"进行关系构建。此外，还需对将现金流量表中的"分类"与现金流量表分类中的"分类"这一列数据构建关系。

3. 建立可视化图表

（1）建立年度切片器。单击右侧"可视化"菜单中的"切片器"按钮，单击"字段"菜单中"年份"下的"年度"，拖动至"字段"栏下，然后对切片器进行格式设置即可。

（2）建立度量值。分别在编辑栏中输入下列内容，建立相应的度量值：

净利润＝CALCULATE（sum（'利润表'[报表金额]），"利润表[报表项目]="五、净利润")

营业收入＝CALCULATE(sum（'利润表'[报表金额]），'利润表'[报表项目="一、营业总收入"）]

总资产＝CALCULATE(sum('资产负债表'[金额]），'资产负债表'[报表项目]="资产总计")

所有者权益＝CALCOULAOE(sum（'资产负债表'[金额]），'资产负债表'[报表项目]="所有者权益(或股东权益)合计")

销售净利率＝divide([净利润]，[营业收入])

总资产周转率＝divide([营业收入]，[总资产])

总资产净利率＝divide([净利润]，[总资产])

权益乘数＝divide([总资产]，[所有者权益])

权益净利率＝divide([净利润]，[所有者权益])

（3）建立卡片图。以建立销售净利率卡片图为例进行说明。单击"可视化"菜单下的"卡片图"按钮，将"字段"菜单中的"销售净利率"度量值拖动至其左侧"值"下进行格式调整，即可完成销售净利率卡片图制作。

按照上述方法，分别制作权益净利率、总资产净利率、权益乘数以及总资产周转率卡片图，并根据杜邦分析的框架图进行布局，形成该公司近十年的杜邦分析图表。点击不同年度的选项，即可查看当年的杜邦分析图。

本案例中，我们一次性导入了三一重工近十年的资产负债表、利润表以及现金流量表，还可以参照上述方法进行系统的财务报表分析，形成可视化图表。

第二节 基于人工智能的企业财务风险防控

随着当前经济的快速发展，企业业务量不断扩大，财务需要处理的数据也在不断加大，而当前传统的财务模式，由于运算能力有限，无法对大数据进行深度的分析，不能做到对企业财务数据的进一步挖掘，从而为企业财务风险防控提供决策参考，增加了企业的财务风险。在此背景下，为了充分利用企业现有的财务数据，为企业的财务风险防控提供一定思路，从而达到企业财务风险防控的智能化程度，本节从大数据的背景出发，分析如何利用人工智能技术，实现企业财务风险防控的目的，并给出了相应的对策建议。

一、人工智能的内涵

人工智能是研究、开发用于模拟、延伸和扩展人的智能的理论、方法、技术以及应用系统的一门新的技术科学，是计算机科学的一个重要分支。

人工智能致力于模仿人的学习、判断、推理等思维活动，它的实现形式可以分为两种，一种是工程学方法（engineering approach），另一种是模拟法（modeling approach）。工程学方法是在早期被广泛采用的方法，它是指借助传统的编程技术，依赖人工对逻辑进行设定，使系统最终呈现出一种"智能"的效果，但其得出结论的方法与人采用的方法基本不同。模拟法近年来取得了长足的发展，并在各行各业得到了广泛的应用。它是指借助一种或几种算法，不仅使系统可以展现出"智能"的效果，且其得出结论的过程也与人的思维过程相同或相近。对于简单的决策，两种方法都可以实现，而工程学方法更加简单且成本较低。但对于复杂决策，工程学方法就会变得非常烦琐，而且容易出错，且错误修补过程也非常复杂，相比之下模拟法就变得更加可行了。本书中涉及的财务决策绝大多数是比较复杂的，因此主要涉及模拟法中常用的算法。

二、人工智能在财务风险防控中的应用探索

（一）利用人工智能技术实现对财务数据的汇总和分类

当前，人工智能技术对财务风险防控的最早探索是对财务数据的汇总和分类，如在企业业务开展的过程中，按照业务的不同类别，对财务数据进行及时汇总，并按照数据的风险指标高低程度进行分类，从而达到为企业提供财务风险预警的目的。比如，在信用卡业务的开展过程中，可以利用人工智能手段对用户消费的财务数据进行汇总，并按照用户还贷的信用等级，将用户的相关信息进行分类，从而达到对高风险用户和指标进行提醒的目的。

（二）财务数据核查及审核

随着互联网发展的不断加速，企业产生的财务数据越来越多，且企业相关业务的财务数据十分复杂，如果采用人工审核的方式，不能够达到对数据进行有效核查和审核的目的。而采用人工智能技术能够通过计算机算力的提升，实现对数据的实时处理，通过数据图像的展示和识别等方式，达到提取关键财务数据的目的，从而提高财务数据核查的效率。2017 年，支付宝利用人工智能技术对纳税人的纳税信息进行了整合，通过智能化系统的运算，实现了个人所得税的智能申报和合并纳税，对财务数据图像的方式进行展示，降低了人工对财务数据的误判，从而大大提高了财务数据审核的效率。

（三）财务数据推理及演绎

人工智能在运算方面具有较大的优势，能够对大量的财务数据进行运算，并通过财务数据的运算，发现财务数据中的推理规律，实现未

来财务数据的整理和分析，提高财务数据的分析效率。比如，美国花旗银行于 2012 年推出了人工智能客服，该客服能够对财务数据的相关信息进行深度分析，并通过推理模式的方式，按照人类的逻辑思维给出未来财务数据可能存在的风险的判断，提高客户的决策水平，降低财务风险。

（四）财务经营决策与预测

人工智能的使用，能够通过对企业的财务数据进行深入的分析，探索财务数据中的内在关联，从企业的经营特点出发，针对不同的业务项目，给出未来的决策建议。目前，财务机器人就旨在通过对客户的财务数据分析，为客户提供未来经营决策的参考，从而降低客户的财务风险。

三、基于人工智能的企业财务风险防控机制设计

（一）用于财务风险防控的人工智能技术分析

当前人工智能技术种类较多，但是从企业财务风险防控的角度来看，主要涉及对于大量财务数据的挖掘和分析，对于政策语言的自然语言处理，对于最新的财务政策的网络搜索和抓取，以及对于财务数据中间逻辑关系的推理和演绎的深度学习。现分析如下。

1. 数据挖掘及分析

当前，企业财务数据不断增加，只采用人工审核往往不能够及时地对财务数据进行分析，且在分析的过程中，由于人工审核的主观性，也会造成数据挖掘和分析中存在一定的失误。通过可视化图表的方式将苦涩的财务数据生动地呈现出来，从而提高企业预测和防控财务风险的效率。

2. 自然语言处理

为了构建智能化的财务风险预警体系，需要提高财务风险预警系统对财务数据的智能化判断程度，即能够按照智能化提醒的方式，对政策进行梳理并提醒财务人员，然后将最新的财务政策编译成计算机语言，作为财务风险预判的指标，为日后的财务风险预警提供依据。

3.网络搜索

这种网络搜索既能够通过互联网数据的采集实现数据库的不断充实，又能够依据搜索的财务数据做横向比对，从而提高财务风险预警的准确性，达到风险防控目的。

4.深度学习

深度学习是人工智能技术在财务风险预警中的重要运用，通过对大量的数据深层次规律的判断，建立简单的分析模型，然后再通过不同信息的链接方式的输入，实现多层次关联的分析，提高人工智能的财务分析能力以及演绎推理能力，从而为运用管理提供决策。

（二）智能化的企业财务风险防控机制设计

1.设计思路

本书设计的智能化企业财务风险防控机制，本质上仍然是采用传统的财务风险防控思路，即采用财务风险预警和风险控制相结合的方式，只是基于当前企业财务数据不断增加的背景，单单依靠传统的风险防控，在风险的防控质量和时效性上都不能够得到充分的保障。因此，本书采用人工智能技术对传统的财务风险防控机制进行改造和优化，从而提高企业财务风险防控的质量和效率。主要的优化思路如图3-3所示。

一是将财务风险识别政策和指标通过程序化编译的方式录入到财务风险预警体系中。将企业财务风险预警指标按照程序编码导入到系统之后，系统会通过深度学习技术，按照所构建的风险预警指标识别体系的运算逻辑，做到对风险指标体系的动态及时更新，从而确保企业的财务风险预警指标体系能够与企业的发展相匹配。

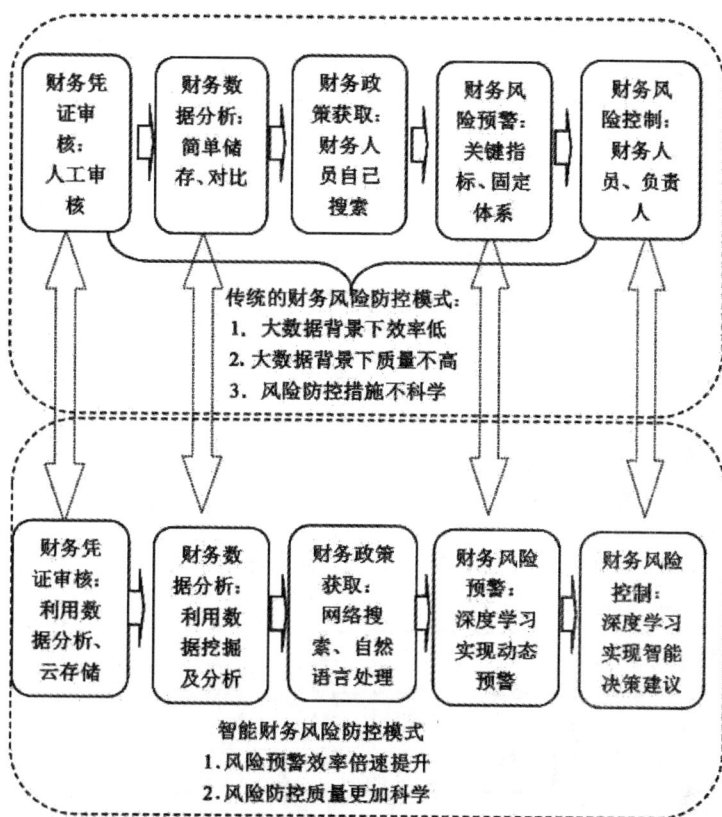

图 3-3 基于人工智能技术的传统财务风险防控模式的改进思路

　　二是通过人工智能技术实现对企业财务数据的筛选、分类、判别和分析，并形成企业财务数据风险的可视化报告。通过网络搜索技术对国家最新的财务制度进行抓取，从而让系统能够掌握最新的财务政策。通过数据挖掘及分析对企业各项业务的原始数据单据进行识别，按照单据的真伪进行分类，并对虚假的财务单据进行预警。对于展示的财务单据，则通过计算机的编程语言，将其转化为与系统相匹配的财务数据，并进行归类汇总。再按照企业所设定的财务风险预警指标体系，对企业的财务数据进行纵向的风险评价，按照评价结果，对当前的财务数据界定风险等级；同时利用横向数据库的指标比较，对比企业财务风险与行业平均、同一发展阶段企业的财务风险，并形成具有可视化作用的风险预警综合报告。系统按照预警的结果，参考以往风险防控的对策，并结合网络搜索所获取的国家政策和其他类型企业的风险防控措施，提出合理化的风险防控措施，以便于企业能够做出合理的决策。

三是通过企业财务风险智能防控系统，将可视化的财务风险报告发送给财务人员，为财务人员提供风险防控的决策建议（图3-4）。企业财务人员按照智能财务风险预警系统提供的风险评估结果，对具体的风险点进行人工核查，确定是否存在风险，以及风险的预警是否科学，从而实现对风险预警的双层把关，确保风险的准确性。最后，企业财务人员结合智能财务风险预警系统给出的风险防控建议，再结合自身的财务工作经验，提出更加科学的建议，并将结果呈报给企业负责人，以便能够为企业的运营提供更加科学合理的决策，降低企业在运营过程中的风险。

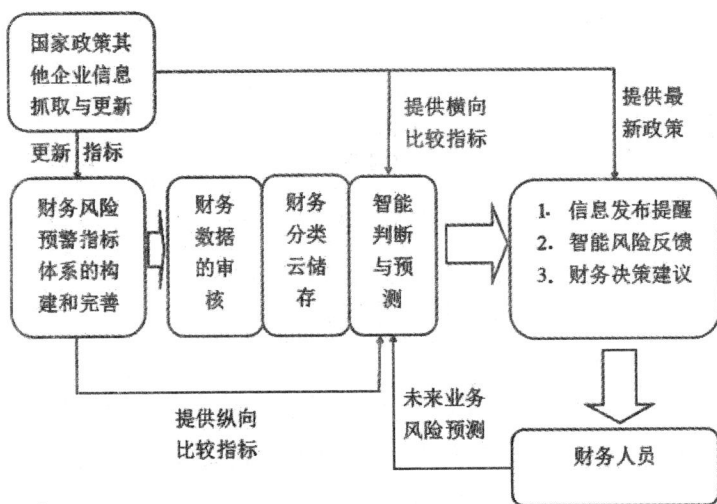

图3-4 基于人工智能技术的财务风险智能防控机制

2.智能财务风险防控模块设计

（1）构建财务风险预警指标体系。

其一，纵向风险预警。针对每一项财务指标可能出现的风险，将风险存在的可能情况，按照一定的计算机语言进行编程，并录入到整个风险预警系统中。同时，利用人工智能的深度学习特点，实现智能财务系统对最新的财务风险预警指标的梳理和变更，做到财务风险预警指标的与时俱进，并为后期的财务风险分析和判断提供相应的依据。每一次风险预警指标体系的变动，都会通过可视化提醒的方式反馈给财务人员，待财务人员确认指标的变化后，新的财务风险预警指标体系方可生效。

其二，横向风险预警。横向风险预警主要是利用网络搜索技术，对于当前互联网内企业同行业内风险指标的具体数据以及行业平均数据进行网络抓取，并通过自然语言的处理，将其转化为可比较的风险指标，作为企业某项财务风险的横向比较参考指标，从而为风险预警提供参考。

（2）财务数据的智能化处理。

第一，财务资料审核。利用人工智能技术对财务数据的真实性进行审核，通过对财务数据的原始凭证数据的核查，判断财务数据的真实性，并根据票据的有效性等特征，对财务数据进行分类与筛选。这一阶段主要利用网络搜索、自然语言处理、数据分析技术对企业财务数据原始凭证的真伪进行辨别。最后，将审核完毕的财务数据按照智能财务风险预警体系的要求进行计算机语言编程，转化为可以方便查阅的财务数据。

第二，财务云储备。对通过人工智能识别的财务数据进行分类存储，以便于后期对数据进行分析和判断。将财务资料审核按照不同财务数据类型在云端进行及时的存储，并对财务数据的基本逻辑关系进行分析和处理，构建起财务数据的基本分析模型和框架，从而为财务数据的智能判断逻辑推理提供基础。

第三，智能判断和预测。按照财务风险预警指标体系，将已有的财务数据加入到风险预警模型中，对比各项财务数据的风险高低程度，并按照风险程度由财务人员设置合理的风险预警指标线，然后将判断结果通过终端的可视化信息形式呈现给财务人员。同时，利用智能化的技术，给出相应的对策和建议。另外，针对企业未来需要从事的业务，财务人员应将相关预算的数据录入到系统中，采用横向比对和纵向分析的模式，判断该项业务未来能够带来的风险，并给出相应的成本收益分析结果以及项目开展的建议，从而达到智能预测的目的。

（3）风险预警反馈。

第一，信息发布提醒。智能财务风险预警系统能够实时地对国家财务政策的变化进行抓取，并及时更新系统内的政策数据库，每次数据的更新都会采用信息发布提醒的方式提醒财务人员，待财务人员阅读完毕后，点击确认方可完成操作。同时，信息发布环节提供国家相关政策的查询和检索功能，以便于财务人员能够通过关键词及时掌握国家最新的政策，避免财务风险的发生。

第二，智能风险反馈。通过人工智能技术对财务数据进行挖掘和分析，并利用深度学习等方法，实现财务数据之间关系的推理，然后通过纵向与历史数据和风险预警指标的比对，以及横向与其他企业数据的比对，演绎推理出当前企业财务数据可能面临的风险，并将主要的风险点通过可视化的方式呈现给财务人员。同时，对于风险发生的概率进行判断，并提示风险发生可能出现的损失等。

第三，财务决策建议。主要是依据人工智能所分析的财务数据可能风险点，按照深度学习的理念，对每一项风险点的预防措施进行梳理，并给出最优的财务策略。针对未来措施的成本收益给出分析结果，以便于财务人员或管理者做出科学的决策。[①]

（三）企业智能财务风险防控机制的案例应用

1. 资金运营风险的案例应用

下面针对钢铁企业 C，分析利用人工智能技术下的财务风险防控机制对于资金运营风险进行预警和防控（图 3-5）。

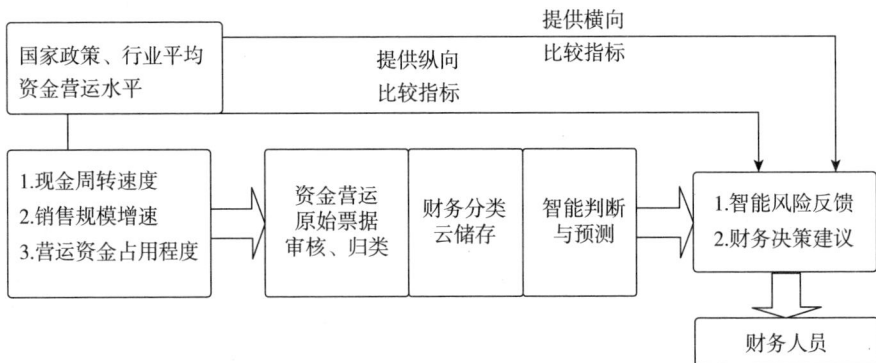

图 3-5　基于人工智能技术的资金运营风险预警机制

首先，按照当前企业的实际运用状况，设置科学的资金运营风险预警指标体系。对钢铁行业的企业而言，当前资金运营风险的主要影响指

---

① 宋晓峰. 企业财务风险评价与控制分析 [J]. 中国集体经济，2022（8）：147-148.

标包括三个方面，分别为现金周转速度、销售规模扩大速度、营运资金被占用程度。按照三个方面的指标选择具体的二级指标，如在现金周转速度方面，选择存货增速、收款延迟天数、付款提前天数；在销售规模增速方面，选择销售规模与营运资金的比值；在营运资金被占用程度方面，采用企业的固定资产、无形资产、对外长期投资等资产的总和与营运资产的比值反映，并把这些指标编译成计算机语言，导入智能财务风险预警系统，并按照国家最新的政策对具体指标进行动态调整，确保指标的科学性。

其次，通过智能财务风险预警系统的财务数据处理分析系统，对 C 企业当前的营运资金的具体数据进行核查，分析财务数据的真实性，并对数据进行分类筛选整理。智能风险预警体系会对企业资金运用过程中各项资金流向的数据进行审核，发现虚假的财务数据凭证，并通过可视化报表的方式进行反馈。同时，财务人员也会通过归类整理的方法，对真实的自己运用数据进行分类整理，形成企业的财务数据库。

再次，运用人工智能收集 C 企业当前的营运资金相关的财务数据，按照风险的等级以及财务人员对于这一类风险的预警等级进行分析。如果风险达到了相应的预警级别，将会通过财务数据分析系统，形成资金运营风险预警分析和预测建议报告，通过可视化的方式呈现当前资金运用过程中的主要风险点，以及当前风险可能带来的经济损失，并给出相应的决策建议。

最后，财务人员依据智能财务风险预警系统所给的报告，对风险进行再次评估，并按照所给的决策建议，依据自身从业经验，采取相应的风险防控措施，将资金运用可能的风险降到最低。

2. 投资风险的案例应用

钢铁企业 C 计划投资一个钢铁物流园项目，为了降低项目的财务风险，该企业的财务人员将利用智能财务风险预警系统对于项目的风险进行预测和评价（图 3-6）。

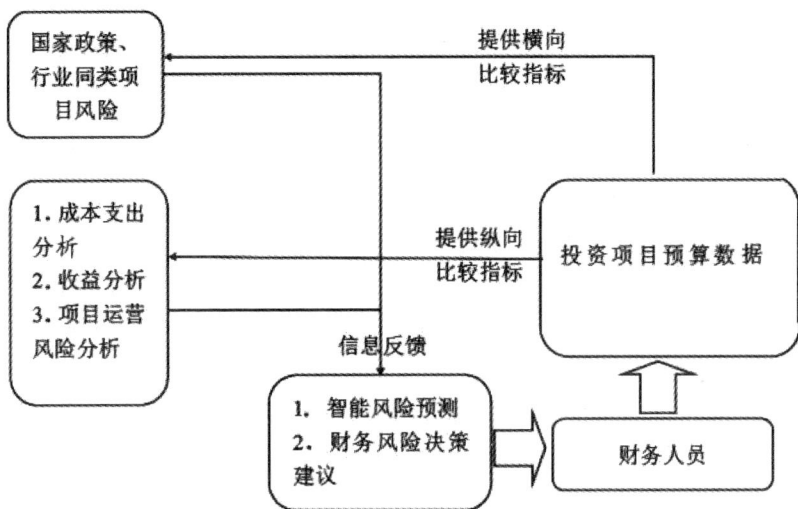

图 3-6　基于人工智能技术的投资风险预测和决策机制

首先，财务人员按照对于钢铁物流园项目的前期调研和财务预算，将相应的财务预算数据指标录入到智能财务风险预警体系的风险预测体系中。财务人员针对企业准备实施的具体的钢铁物流园项目，按照项目的实际预算，将各个具体指标的财务预算指标数据录入到财务风险预测和决策系统中，并利用智能财务风险预测与决策系统对于项目的实施风险进行评估，提出具有针对性的风险防控建议。

其次，智能财务风险预测系统会依据当前国家最新的政策法规，以及其他企业有关钢铁物流园项目投资的成本收益和风险分析的方法，对C公司的钢铁物流园项目进行全新的预测评估。在评估的过程中，主要采用横向评估和纵向评估的方法，横向评估主要是与行业同类项目的财务数据相比较，分析物流园项目在预算数据方面存在的风险，以及预期收益能够达到，并采用数据分析的方法，给出具体的分析结果；纵向评估是按照企业原有的投资项目的风险评估体系，对项目实施过程中的成本支出、收益、运营风险等项目进行分析，按照不同的风险等级，形成投资项目的风险预测报告和风险防控措施建议，从而为企业的项目投资提供足够的投资决策建议。

最后，智能财务风险预测系统将评价的结果以可视化图表的方式形成报告，并反馈给财务人员。重点体现在对于收益成本的分析，标注清晰项目实施过程中的具体风险点，以及在该风险点上，行业平均的风险和对该风险采取的常规性防控措施。财务人员将所形成的财务风险预测结果和决策建议依据自身的专业知识进行调整，最后将结果报送给企业负责人，给出合理化的建议。

3.应收账款风险的案例应用

应收账款风险是企业经营过程中常见的财务风险之一，因此通过对应收账款风险的智能化判断和预测，能够为企业的财务风险防控提供更好的建议，同时起到降低企业财务风险的目的（图3-7）。比如，C企业与D企业有一笔长达半年的应收账款迟迟不能到账，C公司为了对该笔资金的风险进行判断，可以通过智能财务风险预警体系从以下几个方面实施。

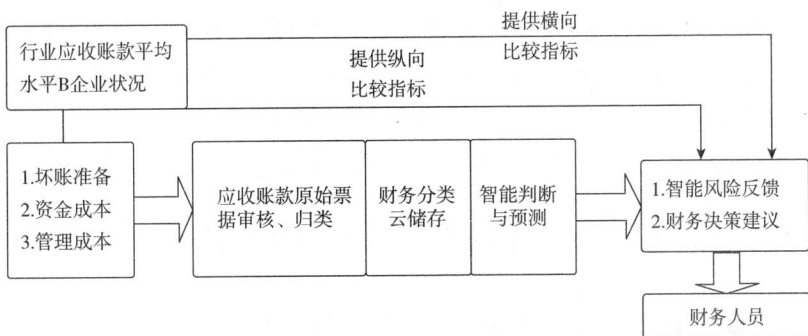

图 3-7　基于人工智能技术的应收账款风险预测和决策机制

首先，构建应收账款风险的评价指标体系，按照应收账款的影响因素，主要从坏账损失、资金成本、管理成本三个方面构建应收账款，将这些指标录入到智能财务风险预警系统中，按照当前最新的国家政策，对指标的标准和数据进行实时调整。在横向比较方面，主要利用公共的财务数据对比库，对行业内应收账款的平均水平进行比较分析。

其次，将C企业与D企业的应收状况相关的数据从财务分析中调取出来进行分析和判断，通过智能化系统对外部其他企业应收账款的信息进行抓取，实现应收账款风险的横向比较，如该项应收账款风险水平高于行业平均水平，并按照D企业的运营状况，可能会出现支付风险，通过风险预警的方式，将应收账款的风险进行呈现。同样，按照企业自身对于应收账款的评价情况，如应收账款的风险增加，企业可以通过调整坏账准备金额、降低资金成本等方式降低应收账款的风险。并将比较分析的具体结果通过可视化图表的方式进行呈现，重点关注应收账款环节中的主要风险点，如在支付环节应当重点关注 D 企业的现金流情况，应当通过对 D 企业现金流相关数据的实时抓取，达到风险点的动态实时监控，以便于 C 企业对应收账款实施相配套的防控风险措施。通过应收账款风险预警指标体系实现数据的纵向比较，并将比较的结果形成风险分析报告和决策建议。

最后，财务人员依据系统提出的风险预警和财务决策建议，调整 C 公司对于坏账的准备，从而降低企业的风险。按照自身财务方面的经验，对系统所提出来的建议和对策进行完善，上报给企业负责人，便于后期销售部门对该款项进行催收，降低企业的应收账款风险。

以上三个案例的应用分析，仅仅是某个风险的预警和预测判断。通过人工智能技术的不断融入，智能财务风险预警防控机制能够实现对于大量风险和数据的处理。而人工智能抓取和深度学习，能够对风险预警的指标体系进行不断的优化，从而提高风险预警的科学性。

四、人工智能下企业财务风险防控应用的保障措施

（一）完善人工智能技术

当前，人工智能技术比较多，要结合企业财务风险预警对一些核心技术进行研发，提高技术的安全性。一方面，要加大对于财务数据挖掘和分析技术的研发，通过加大研发提供财务风险分析和判断决策的准确性。同时，针对深度学习技术，应当加强运用实现智能财务风险预警系统，能够对各项财务风险预警指标系统中的指标进行实时更新，并通过财务数据逻辑的推理，形成演绎算法学习，提高财务风险判断的效率。另一方面，要加大对于财务风险预测技术的开发保障。财务风险预警和预测，能够为企业的财务活动开展提供决策的依据，只有加强财务风险的预测，才能够为企业的经营活动提供更加科学的参考。这就需要对财务风险预测的相关数据标准进行规范，对预测技术的安全性进行评价，加快财务风险预测技术的应用。

（二）健全智能财务制度体系

政府应当从制度完善的视角出发，为智能财务风险预警系统的运行提供良好的运行环境，确保智能财务风险预警系统能够发挥相应的作用。一是要对财务数据的标准进行规范，要明确具体的数据标准，确保数据能够有效对接。二是要推行财务数据的电子化。通过完善当前我国现有的财务数据系统与系统升级，为企业的财务数据电子化提供便利，让更多的企业愿意将财务数据电子化，从而为智能财务风险预警系统的构建提供基础。三是要完善政府公共财务数据指标的比对系统。政府应当利用自身资源，对各方面的财务数据进行整合，定期形成行业基本财务数据比对数据库，并对数据库的具体指标进行完善，以便于智能财务风险预警系统能够实现横向的比较。

（三）强化对于智能财务风险预警系统的安全监管

由于当前的人工智能在应用方面还存在一定的风险，因而需要加强对于信息安全的监管，确保智能财务风险预警系统能够在更大范围内应用。一方面，政府应当进一步完善我国信息安全制度，将对人工智能技术的监管纳入监督体系中来，明确从事智能财务风险预警系统方面犯罪的具体处罚措施，并对信息安全的技术等级做出明确的界定；另一方面，政府可以鼓励使用国产化的智能财务风险预警系统的方法，防控国外黑客对我国人工智能技术进行破坏，降低智能财务风险预警系统的技术风险，并组织网络警察等专业技术人员，做好各类技术风险的应对工作。

第三节　智能财务决策支持系统的构建与实施

一、智能财务决策支持系统概述

（一）智能财务决策支持系统的概念

目前，人们尚未得出一致的智能财务决策支持系统的定义，多数该领域的研究者通过自己的研究方向对其做出了定义。董琼慧（2000）从财务决策支持系统的目标出发，认为它运用一系列财务决策模型、专家知识库等工具，通过现代化信息处理和数据挖掘为手段的新型人机交互系统，用以帮助企业决策分析。E.W.T.Ngai（2012）设计并开发了基于Web的原型FDSS，以帮助EC项目经理确定潜在的EC风险因素和相应的项目风险，提出了使用模糊集方法进行EC开发的风险分析模型，并将其纳入FDSS。Ben-assuli（2012）通过层次分析法研究推荐投资组合的决策支持系统，发现客户抗风险能力和投资目的是影响决策质量的首要因素。Hernes（2016）借助一系列方法建立多主体对象财务决策支持系统，对各方法得出的结论进行分析评价，以提高决策效率。程平（2018）指出财务决策支持系统凭借大数据技术，利用Hadoop技术完成对现有海量数据的规范化处理，最后通过数据可视化、文本分析等技术预测分析数据，帮助企业处理预算筹资决策、投资决策、分配决策、销售决策、生产决策、成本控制决策、利润分配决策等一系列流程的问题。

智能财务决策支持系统（intelligent financial decision support system, IFDSS）是计算机人工智能和管理科学相结合的最新技术，是近年来计算机信息系统技术的最新发展，通过人工智能对话方式，为决策管理者提供一个将知识性、主动性、创造性和信息处理能力相结合，定性与定量相结合的工作环境，旨在支持决策工作，帮助高层管理者决策能力和水平的提高。[①] 一方面，大数据处理与数据爬虫挖掘技术的发展，使得企业大数据处理能力得到大幅度提升；另一方面，人工智能与专家系统的兴起和发展，促进了现代财务管理从信息化、网络化向智能化方向发展（曹魏，2014）。也就是说，智能财务决策支持系统是企业财务信息化发展趋势所在，它有别于以ERP系统等业务核算系统为主要特点的传统企业信息化的发展特点。

综上所述，智能财务决策支持系统是以现代管理科学为理论基础，以信息分析处理能力为技术基础，以计算机为工具，综合模型理论、控制论、数量经济学、模糊数学等知识理论，致力于解决财务分析、预测、控制与决策为一体的人机交互系统。

---

① 赵磊.智能财务决策支持系统：理论、框架、实践[J].财会月刊，2022（6）：103-110.

（二）智能财务决策支持系统的特点

1. 智能化

专家系统的引入和人机交互系统中人工智能的运用，使财务决策的形成过程更加智能化。在决策者和系统不断交互的过程中，系统可以根据决策者输入的问题和系统输出的结果不断积累数据信息，模型库可根据人机交互的实践不断更新模型，使系统做出的决策越来越符合企业的实际情况，能制定出更适合企业发展的财务决策。相较代码、SQL 处理与人工 Excel 计算，封装好的 ETL 功能更便捷、更易上手、更能满足数据处理的需求。相较固定报表、Excel，IFDSS 能够对不同数据、不同图标进行探索性分析，针对性地处理不同的事务。此外，IFDSS 还可以进行数据自动更新，重复分析只需要做一次，整个决策管理流程权限分管，不同人只需要一个分析模板。

2. 自动化

IFDSS 使财务人员、管理层、决策者等用户可以实现自助分析、自由分析。接入多种数据源后，用户只需拖曳单元或在下拉菜单中选择需要查看的项目，就可以在可视化界面展示分析的结果。用户可以根据需求，结合业务需求方向，对数据进行针对化处理，以满足各个部门的不同用途，处理各方面的数据。

通过在模型库、方法库和知识库中加入公式、模型、知识和方法，可以基本实现对结构化问题的自动响应。对于非结构化信息的处理，系统也可以在不断学习中形成记忆，构造相应的模型，发现数据间的内在关系，以便更精确地形成决策。企业的决策不再完全依赖人工，一般的小型决策可以由系统自动做出，减轻了决策者的负担，使决策者可以专注于更重要的决策。

3. 全面性

在大数据技术的支持下，企业可以低成本进行数据的采集和存储，实现对信息全面完整地获取和分析，而非传统财务管理中的样本抽样分析。数据的全面性，一方面使企业的财务管理能力和质量大幅提升，全面的数据挖掘和分析可使企业财务人员发现财务问题，防范财务风险；另一方面使企业的财务决策更精准有效，完整的信息数据克服了以往采样分析可能出现的统计结果偏离和失真，并可得出数据内部的相关关系，解决传统决策中人工分析产生的主观性过强的问题。

4. 高效性

IFDSS 中引入了多项 AI 技术，如专家系统、神经网络、机器学习等。将智能部件嵌入 IDSS 中的不同位置，可以产生不同结构的 IFDSS。AI 技术通过对历史数据进行学习，可以知识推理的定性方式辅助决策，使传统的财务决策由单一类型、单一功能发展为多类型并存、多功能并行的财务决策系统，其内容也由单一的定量分析发展为定量分析和定性分析相结合，使决策过程中的人工干预比例降低，有效提升决策的效率和效益。

二、人工智能下财务决策支持系统构建的必要性与可行性

（一）人工智能下财务决策支持系统构建的必要性

1. 现有系统缺陷

（1）现有系统财务决策支持智能化程度有待高。现有系统主要通过提供信息的方式辅助财务决策，这使得其实际上主要发挥了计算器功能，而无法直接为管理者提供决策建议。同时，现有系统中存储的公式、决策模型等难以更新，对财务决策的支持限于常见的杜邦分析等财务分析功能，使得其输出结果缺乏针对性，尤其是面对非结构化的财务决策问题时，往往不能提供决策者真正需要的分析结果或决策方案。另外，数据作为财务决策的基础，其质量高低对财务决策的准确性至关重要，但现有系统难以判别其所收集数据的真实性、可靠性，这使得决策者始终要保持警惕，以防范数据失真对财务决策的影响，因而对现有系统的依赖程度有限。

（2）现有系统财务决策支持效果有待完善。在决策有用信息方面，现有系统侧重对企业内部业务及财务信息的收集，而忽略了诸如行业信息、政策信息及宏观经济信息等外部信息的收集，甚至还有一些关键的决策有用信息需要决策者补充，这导致决策有用信息的完整性不足，降低了决策有用信息的质量。决策有用信息质量直接影响了财务决策的质量。另外，对于一些大型集团化企业来说，下属公司拥有各自的财务软

件，数据格式难以统一，也无法实现实时收集和汇总，从而使这些下属公司成为信息孤岛，加大了集团层面财务决策的难度。

在财务分析和决策模型方面，目前国内外学者提出了众多财务分析与财务决策模型，这些模型具有广泛的适用性，且经过不断的优化，大大提高了财务分析与决策的准确性。尽管如此，这些模型中的变量普遍是通过列举和试错选出的，具有滞后性且不够全面。因此，在利用这样的模型进行财务分析和决策时，还需要决策者综合各模型的计算结果、行业信息、市场信息、宏观信息以及个人的经验，决策者的专业素养对分析和决策结果的影响重大，这将导致财务决策质量的不稳定。并且，依赖人工常常难以发现海量数据间隐含的逻辑关系，使财务分析与决策模型的优化十分困难，重要影响因素的丢失同样加剧了财务分析与决策质量的不稳定。另外，受限于人类的计算能力，现有财务分析与决策模型采取的数量关系比较简单，以线性模型居多，对模型的简化虽然使模型应用更加便利，但无疑会影响财务决策的准确性。

（3）现有系统财务决策支持成本较高。由于现有系统的支持效果与通用性无法兼得，为了保证决策质量，多数现有系统都是针对某一种财务决策进行设计，难以解决其他财务决策问题。同时，财务决策支持系统的构建成本通常较高，不可能对所有问题构建对应系统，因此决策支持成本较高，适用范围较小。

（4）现有系统财务决策支持及时性有待更新。由于原始数据格式不统一，在运用现有系统进行财务决策前，需要依赖人工对这些数据进行整理、汇总和重新输入，这使得数据准备时间过长，影响了财务决策制定效率。并且，现有系统无法自主在海量信息中筛选出决策有用信息，因此存在提供的决策信息过多且缺乏针对性的问题，决策者筛选决策有用信息的过程不仅降低了决策效率，还可能由于无关信息的干扰影响财务决策质量。同时，由于人机交互机制不够完善，计算机与决策者沟通不畅，使得财务决策支持的效率和效果都大打折扣。

2. 新系统的优势

（1）新系统智能化程度显著提高。新系统中的财务分析、预测和决策模型不再是固化的。新系统对这些模型的智能优化可以分为两个方面：一方面是对现有模型的优化，即在现有模型的基础上采取增加行业影响因素、宏观影响因素等变量，或改用拟合效果更好的非线性数量关系等方式提高其分析、预测或决策的质量；另一方面是新模型的构建，即通过对数据之间隐含的数量关系、相关关系或因果关系的深度挖掘，构建出新的财务决策模型，从而更好地实现以提供财务决策备选方案的方式辅助财务决策。

另外，在决策有用信息质量方面，新系统的应用一方面在绝大范围内实现了计算机对业务及财务数据的自动收集、整理和分析，这尽可能减少了人为因素对数据质量的影响，也大大提高了财务决策制定的及时性；另一方面，在涉及会计估计这类在一定程度上依赖于财务人员的专业能力且具有一定主观性的业务中，新系统通过更广泛的市场数据收集和估计模型优化，提高了会计估计的客观性、准确性和合理性，进而保证了会计信息的质量。

（2）新系统财务决策支持效果优化。在决策有用信息方面，与现有系统相比，新系统更加注重企业外部决策有用信息的收集和整理，从而为财务决策提供了覆盖企业内外、涵盖多个维度的高质量决策有用信息。同时，集团及子公司数据被及时收集、整理并存储于数据仓库中，形成了多维度的决策有用信息。这使得各子公司不再是信息孤岛，集团管理层可以随时查阅其业务及财务数据，保证了集团层面财务决策支持的效果。在财务分析、预测和决策模型方面，模型智能优化的实现使新系统可以为不同企业以及企业中不同层次的管理者提供具有针对性的财务分析和预测结果，并制定出符合其个性化决策需求的财务决策方案，从而提高财务决策的支持效果。

另外，新系统可以帮助决策者有效减少非理性决策。通过广泛收集企业内部和外部数据、财务和非财务数据、微观和宏观数据，并以海量数据为基础进行财务分析和财务预测，可以帮助决策者突破人类固有的信息处理能力和认知能力限制，避免由于心理或环境影响做出非理性决策，从而找到约束条件下的最优财务决策方案。

（3）新系统财务决策支持成本降低。新系统收集的海量信息可以实现一次收集多次使用，在应对不同的决策目标时，不需要重新收集数据，甚至重新构建财务决策支持系统，大大降低了单次决策支持的成本。同时，由于财务决策支持成本的下降，中低层管理者也可以应用新系统进行财务决策，从而扩大了财务决策支持系统的适用范围。财务决策支持范围的扩大有利于提高企业整体财务决策客观化、科学化水平，提高财务决策质量，保证企业的健康长远发展。

（4）新系统财务决策支持及时性提高。一方面，新系统智能化程度的提高使数据收集、整理和分析能够由计算机自动进行，节省了人工进行数据准备和信息筛选的时间；另一方面，新系统的人机交互系统更加完善，决策者可以使用自然语音与新系统进行沟通，从而更准确地表达财务决策需求，使新系统可以获取更清晰的财务决策目标，从而提高财务决策效率和效果。

（5）新系统的应用推动管理会计与财务会计融合。财务会计数据以货币形式描述了企业当前的经营现状，是财务分析、财务预测与决策的数据起点，也是管理会计的基础，管理会计是在财务会计的基础上对企业经营和融资活动进行的进一步分析核算。使用管理会计数据进行财务分析可以更加准确地了解企业的财务绩效，进而做出高质量的财务决策。新系统的应用，使财务会计与管理会计在会计核算阶段就开始相互融合。伴随经营活动、投资活动和融资活动的展开，新系统通过实时数据收集，直接对企业业财信息按照财务会计和管理会计的要求分别进行分类、计算和存储，实时更新管理会计信息，避免了管理会计信息的滞后性，从而提高了财务决策的及时性。同时，管理会计信息的实时更新也为监督决策执行效果提供了数据支持，可以推动会计由事后核算向事中控制和事前决策延伸。

（二）人工智能下财务决策支持系统构建的可行性

1.经济方面可行性

新系统的构建成本包括前期系统建设和训练成本以及后期维护和人才培训费用等支出，具体成本水平因企业构建新系统前业务和财务信息化程度以及员工素质不同而存在差异。当前大数据技术已经逐渐成熟，其应用成本已逐渐下降，而人工智能技术也在持续快速发展，未来其应用成本也会逐渐降低，因而新系统的构建成本会呈下降趋势。而新系统的运用可以优化财务决策流程，减少决策者的非理性决策，同时可以使全体员工广泛参与财务决策，形成群体决策的氛围，提高决策执行的积极性，并能够对财务决策执行过程进行实时监督和反馈，因此可以有效提高企业财务决策的质量和执行效果，为企业带来更大的经济收益。另外，财务决策失误，尤其是战略层面的失误，会给企业带来巨大的损失，新系统的应用可以有效减少或避免财务决策失误的发生，从而减少决策失误的机会成本。因此，新系统的构建在经济方面是可行的。

2. 技术方面可行性

（1）文字识别与大数据技术保证决策有用信息质量。借助文字识别技术，新系统可以自动收集含有预设关键词的各类公开信息，这些信息经过数据清洗和数据挖掘后被分类存储于数据仓库中。数据仓库中存储的企业内外财务与非财务信息支持对企业财务状况、行业因素以及宏观经济影响等的分析，为管理者提供全面且多维度的决策信息。而在进行财务决策支持时，通过自动识别决策目标中的关键词，可以根据不同的决策目标，有针对性地提取数据仓库中的各类信息，从而为决策者提供高质量的决策有用信息，减少决策者进行信息筛选的工作量，降低非决策有用信息对决策者的干扰。

（2）数据挖掘与深度神经网络算法保证财务分析与决策模型优化。借助数据挖掘以及深度神经网络算法，新系统可以寻找海量数据之间的逻辑关联，发现被忽视的影响变量，甚至归纳出新的财务分析或决策模型。计算机强大的数据处理能力使模型不再需要简化，从而提高了模型的准确性。对数据之间逻辑关系的挖掘减少了对人工经验的使用，提高了财务分析及预测结果的客观性和可靠性。以销售量预测为例，新系统通过对历史销售数据、竞争者数据、市场数据以及宏观数据的分析，可以得到相对精确的销量预测模型，对产品销量做出更加准确的预测。销售量预测是许多财务预测和决策的起点，其预测质量的提高必然会对财务决策质量的提高带来积极影响。

（3）自主学习和深度学习算法保证财务决策生成。借助自主学习和深度学习技术对计算机进行训练，可以使新系统获得财务决策制定模型，并能够随着系统应用次数的增多，对模型不断进行优化，以保证财务决策质量。当前市场上已经出现了一些智能投资应用，即普通的个人投资者可以通过一款应用了人工智能技术的手机应用进行投资咨询，该应用根据风险偏好等特征帮助投资者选择合适的理财产品。这其实就是一次投资决策方案制定，尽管企业的财务决策更加复杂，但仍可借鉴其思路。

（4）语音识别和自然语言处理技术保证人机互动实现。语音识别和自然语言处理能力是新系统开启决策支持功能的基本保证。近年来，这两项技术取得了很大进步。比如，iOS 系统中配备的 Siri 智能私人助理就可以通过声音识别主人，理解主人发出的指令，并和主人使用自然语言进行交流。因此，在新系统中加入语音识别和自然语言处理功能以实现更加高效、充分的人机互动是可行的。

三、基于人工智能的财务决策支持系统机制的构建

（一）新系统功能与结构

如图 3-8 所示，新系统由数据层、分析层和交互层三部分组成。

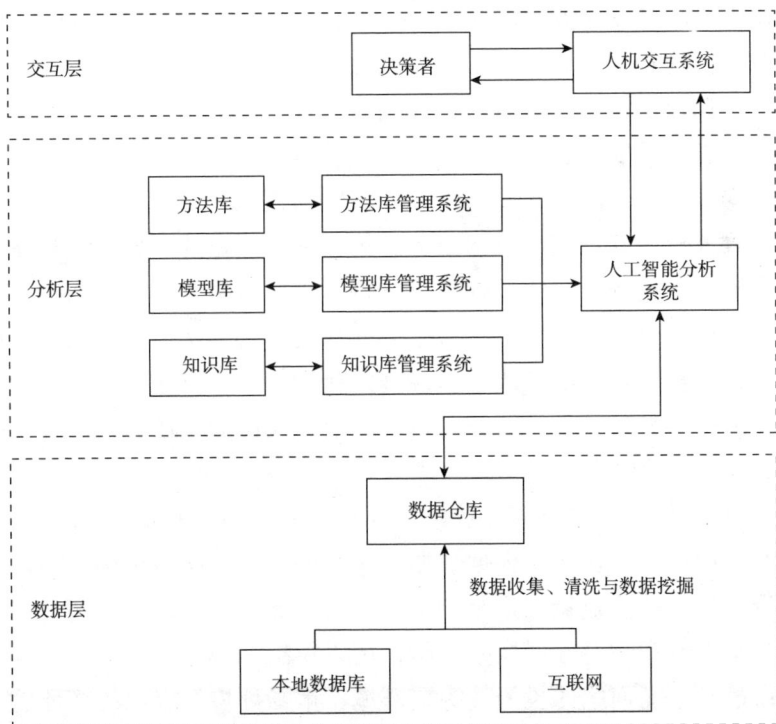

图 3-8　人工智能下财务决策支持系统体系结构

数据层主要进行数据收集、清洗、数据挖掘以及存储工作。借助自动数据传输程序以及自然语言处理技术可以快速获取本地数据库中存储的业财信息、审计信息、信用信息等内部决策有用信息，以及在互联网上公开的政府政策信息、税务信息、汇率信息、市场信息、法律信息、宏观经济信息等外部信息。这些海量异构数据被进行数据清洗和数据挖掘，从而形成多维度的决策有用信息，并被分类存储在数据仓库中。数据仓库为新系统的深度学习和财务决策制定奠定了强大的数据基础，同时数据的提前处理和分类汇总也为财务决策制定的及时性提供了保证。

分析层负责开展财务分析、财务预测和财务决策活动。财务分析是开展财务预测和决策的基础，财务决策依赖于财务分析和财务预测的结果。分析层包含知识库、方法库、模型库及其各自的管理系统以及人工智能分析系统。知识库中存储各类财务知识、常识及推理规则等数据，方法库中存储财务分析、预测及决策方法，模型库中存储财务分析模型。三个数据库的管理系统一方面负责接收人工智能分析系统的指令，从相应的库中调取所需知识、方法和模型，另一方面嵌入深度学习算法，在后台自动进行新知识、新方法和新模型的建立及对已有知识、方法和模型的改善，从而及时更新知识库、方法库和模型库。人工智能分析系统负责接收人机交互系统传达的财务决策目标，并据此向各库管理系统和数据仓库发送指令，接收数据进行分析，最后将结果反馈给人机交互系统。人工智能分析系统中包含若干嵌入深度学习算法的推理机，这些推理机一部分负责根据财务决策目标确定所需知识、方法、模型和画像的种类，另一部分负责进行财务分析以生成各类画像，还有一部分负责财务预测和决策的生成。

所谓"画像"，是指通过数据分析和推理得到的以数字表示的对某一事物的全面描述。比如，根据数据仓库中的数据对组织结构、治理机制以及风险偏好等企业特征进行刻画，并对财务绩效、现金流情况、财务风险水平等客观情况开展实时分析，可以得出客观准确的企业画像。同时，通过对企业面临的投资、筹资环境、市场环境、宏观经济环境等外部环境信息进行分析，还可以形成外部环境画像。需要强调的是，各类画像中不仅包含最终形成的高度概括性的分析数据和结论，还可以进行数据钻取，可根据后续计算的需要钻取至原始数据。依赖深度学习算法，可以实现企业画像和外部环境画像的匹配，进而进行财务预测，并在此基础上综合财务分析的结果，最终得到财务决策。在整个财务决策制定流程中，对于具有高度重复性、逻辑确定并且稳定性要求相对较低的部分，可运用机器人流程自动化（RPA）工具实现自动化处理，从而进一步提高财务决策制定效率。

为了提高财务决策需求产生时系统的反应速度，在财务决策支持需求频率较低的时间段，如企业下班时间，新系统可根据以往财务分析、财务预测和财务决策的需求，推测未来可能的财务决策目标，并进行相关分析工作。当人机交互系统传达财务决策需求时，人工智能分析系统会根据深度学习的结果将企业画像、外部环境画像与决策目标相匹配，从而得到适当的财务决策。以企业金融资产投资决策为例，将由企业画像得出的企业财务状况和风险偏好等变量，由外部环境画像得出的市场系统风险、风险溢价等变量以及由金融工具画像得到的不同融资策略的风险、成本等变量代入决策模型中，通过深度学习算法，将企业需求与金融工具特点进行匹配，从而选出最优投资组合。

另外，在财务决策执行过程中，通过不断更新数据仓库中的数据，新系统自动进行财务分析和预测，这一方面实现了画像及时更新，为财务决策效率提供了保证，另一方面实现了对财务决策执行情况的监督和控制，使风险点的及时预警和必要时对财务决策的及时动态调整成为可能。

交互层是联系新系统与决策者的纽带。人机交互系统使用语音识别和自然语言处理技术，因此决策者可以使用自然语言与新系统进行沟通。在进行财务决策的过程中，人机交互系统通过对自然语言的处理形成财务决策目标，同时将财务决策目标传达给人工智能分析系统。[①] 在完成财务决策后，通过人机交互系统，输出财务分析报告、财务预测报告以及综合上述报告信息的财务决策报告，或根据决策者需求编制的定制报告。

---

① 汪诗怀.企业智能财务决策支持系统构建探讨 [J].中国管理信息化,2009,12（5）:26-28.

（二）新系统信息化决策驱动机理

股东作为财务决策结果的最终承担者，可能会因信息不对称而无法发现高管的代理问题，导致利益受损；高管作为企业的实际管理者，日常经营决策的制定同样受制于信息的片面性和模糊性。因此，高质量的决策有用信息是保证决策质量的基础。提高决策有用信息质量应从提高数据的多维性、全面性和准确性入手。因此，新系统以大数据为基础和驱动力。

借助互联网，新系统可以实时获取财务报表信息、供应链信息、市场信息、行业信息、证券市场信息以及网络舆情信息等海量结构化、半结构化数据和非结构化数据。这些原始数据从多个方面描绘出了企业自身财务状况和面临的外部财务决策环境，但这些数据结构混乱，质量参差，无法直接用于财务分析，因此需要经过数据清洗和数据挖掘。经过大数据技术处理过的原始数据变成了多维度的决策有用信息，并按主题分类存储。以某类产品为例，通过多维度的决策有用信息，我们可以从产品型号、产量、销量、主要市场等多个维度提取其有关的信息，快速获取某时某地该产品的销售情况。正如可以通过流动比率和速动比率等指标判断资产流动性，通过这些多维度的决策有用信息，深度学习算法会根据之前训练的结果对企业的偿债能力、盈利能力、经营能力、成长能力、风险承受能力、风险偏好等要素加以评价和判断。相比之前通过固化指标得到的评价结果，人工智能技术基于指数级指标得到的结果更加准确，从而保证了财务决策的适当性。

基于决策有用信息进一步开展财务分析、财务预测和财务决策工作。借助现有财务分析方法和对应的深度学习算法，可以对企业偿债能力、发展能力、盈利能力和营运能力进行分析评价。财务分析数据连同企业特征数据构成了企业画像。

同理，通过对其他主题多维决策有用信息的分析处理，可以得到外部环境画像、资产画像、客户画像等多类财务决策信息群。当财务决策目标产生时，根据深度学习算法在训练时得到的模型，新画像被定制，各类画像间相互匹配，并对不同匹配路径下未来的财务活动成果进行预测和分析，得到财务预测数据。在此基础上，选择可以最大限度满足财务决策目标的行动路径作为财务决策。决策者可以通过人机对话对输出的财务决策进行修正，修正的过程会影响最终的决策模型，以提高下次决策的质量。得到令人满意的财务决策后，决策者可以选择输出通用财务决策报告或定制个性化报告。

财务报告的生成意味着海量数据到财务决策的转变全部完成。在这个过程中，数据被不断精简，并被赋予财务含义，推动了财务决策的最终生成。最后，财务决策执行过程中产生的数据又被重新收集，形成了"数据—知识—财务决策—财务决策执行—新的数据"的闭环。

人工智能下财务决策支持系统信息化驱动机理如图 3-9 所示。

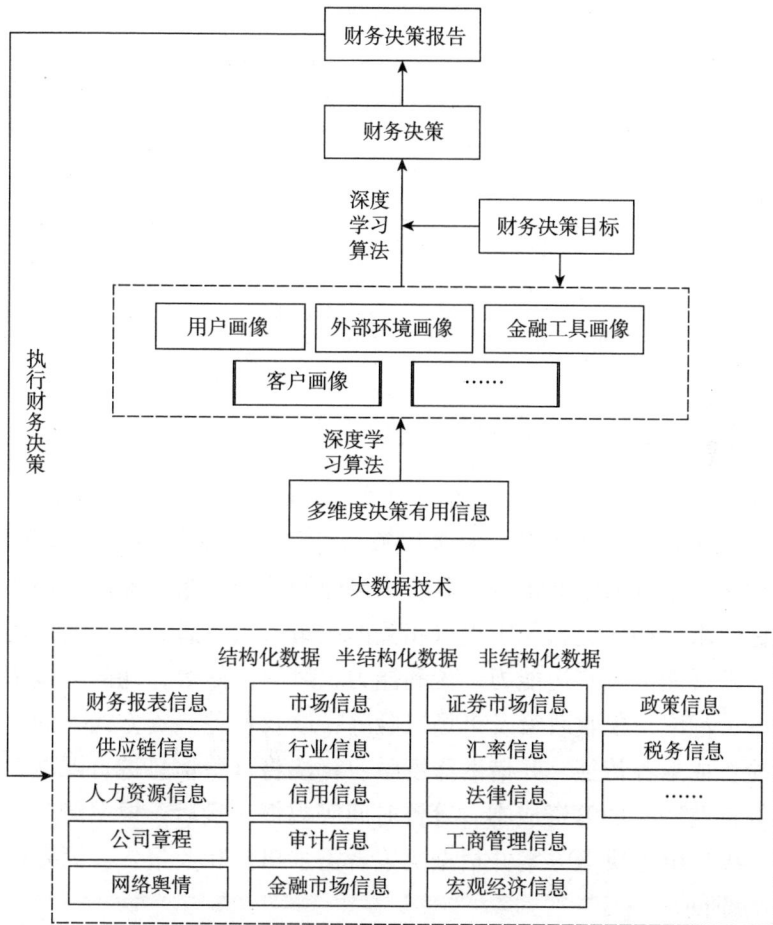

图 3-9　人工智能下财务决策支持系统信息化驱动机理

（三）新系统决策模型构建

新系统在以管理会计信息为基础构建的大数据决策有用信息的支持下进行包括筹资决策、投资决策、成本决策、股利分配决策和特殊财务决策在内的财务分析、预测和财务决策支持工作。各财务决策支持功能模块及其所包含的具体决策内容如表3-1所示。财务分析和财务预测模块作为支持性模块，在每一次财务决策任务中都会被调用，以提供决策数据支持。

表3-1　财务决策支持内容

财务决策支持类别		财务决策支持内容
筹资决策		筹资时机选择、筹资规模确定、筹资方式抉择、偿债方式确定
投资决策	实业投资	企业扩张投资决策（包括收购与合并）、新产品开发投资决策、设备投资改造决策、技术引进投资决策、投资资金分配决策
	金融投资	金融工具选择、投资规模确定、投资时机选择
成本决策		供应成本决策、生产成本决策、资金成本决策、销售成本决策、服务成本决策
股利分配决策		股利分配政策选择、股利支付率确定、股利支付形式、股利分配中关键时点的选择

1. 筹资决策

首先，通过财务分析得到企业画像、外部环境画像和筹资工具画像，为筹资决策提供数据准备。财务决策目标可能包括但不限于筹资期限、筹资金额和筹资成本要求等。其次，当收到筹资决策目标后，新系统根据目标要求，在各类画像中提取相关的决策有用信息，包括企业的偿债能力、发展能力、营运能力、盈利能力、风险偏好等，外部环境中的银行利率、汇率、税收政策及市场风险等，以及各种筹资方式下的筹资工具风险、成本等特征，并借助深度学习算法将这些信息进行匹配，预测每种筹资路径下的筹资成本、筹资时间等数据。最后，根据财务预测的结果，提出财务决策方案并根据决策者需求出具相关报告。简要模型如图3-10所示。

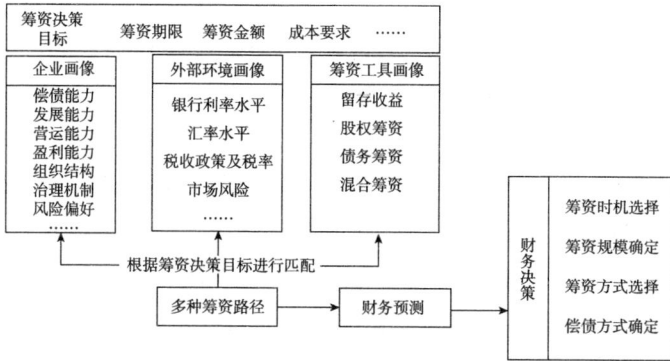

图 3-10　筹资决策模型

2. 投资决策

企业画像和外部环境画像仍是投资决策的基础，根据投资决策目标的不同，可能与决策相关的因素包括偿债能力、营运能力、治理结构以及利率、税率、市场及行业因素和法律法规的合规性因素等。然后根据具体的决策目标，提取不同数据进行大数据分析和数据挖掘，定制拟收购企业画像、新产品画像、新设备画像、新技术画像以及金融工具画像等。在此基础上，根据投资目标中包含的对投资回报率、投资规模等方面的要求，选取合适的算法，将各类画像进行匹配，并进行财务预测，最后根据财务预测结果生成财务决策并出具相关报告。简要模型如图3-11 所示。

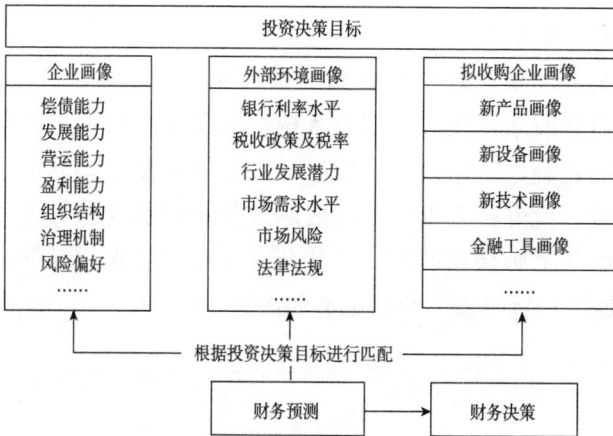

图 3-11　投资决策模型

3. 成本决策

根据不同的成本决策目标，可以在企业画像的基础上进行数据钻取，获得人力成本画像、生产成本画像以及资金成本画像等，以更详细和准确地揭示企业在人力资源、生产经营和资金使用等方面的成本构成和成本规模。同时，当成本决策目标涉及供应成本或销售成本时，应定制供应商画像或分销商画像。然后根据决策目标中包含的对成本规模、产品或服务质量等方面的要求，对各类画像进行匹配，并对可能产生的财务后果进行预测，最终得到成本决策。简要模型如图 3-12 所示。

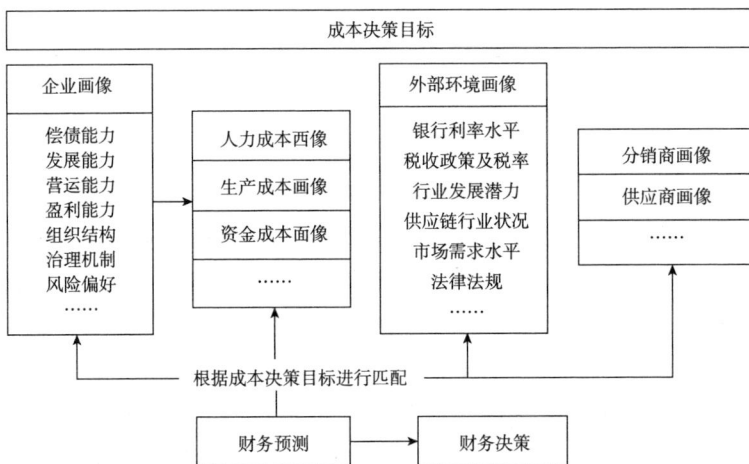

图 3-12 成本决策模型

4. 股利分配决策

根据对企业画像治理结构数据的钻取和外部获取的股东相关信息，就可以描绘包含股东性质、股东收入构成和股东风险偏好等信息的股东画像。根据股利分配决策目标的要求，关注企业能力、外部法律法规要求、税收政策、投资机会以及不同股利政策和股利支付方式的适用条件和优缺点，将各类画像相匹配，寻找公司发展和股东权益保护之间的均衡点，从而做出最优决策。简要模型如图 3-13 所示。

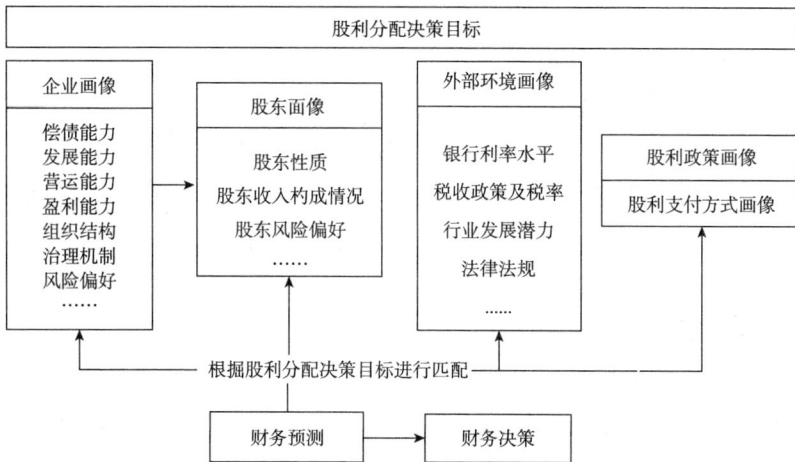

图 3-13 股利分配决策模型

5.特殊决策模型定制

新系统不限于提供传统的财务决策支持辅助服务，对于上述财务决策目标之外的决策辅助需求，决策者可以进行特殊决策模型定制。当特殊财务决策需求产生时，借助深度学习算法，新系统会根据以往决策经验自动推理需要的画像类别，决策者可以对画像类别以及画像涉及的具体分析方面进行调整和修正。然后根据对财务决策目标的分解获得需要采用的分析方法，并应用对应深度学习算法进行运算，从而得到财务分析和预测。最后根据财务预测结果，提出决策建议供决策者参考。同时，本次财务决策支持过程中涉及的画像类型、分析预测结果以及最终决策等内容都会作为下一次特殊财务决策模型定制的素材进行分析和储存。

（四）新系统工作原理

财务决策通常是基于管理会计信息，综合其他决策相关信息，并借助专门的分析方法和模型做出的。比如，新产品开发投资决策需要收集变动成本、机会成本、专属固定成本等相关成本数据，并选择适当的定价方法预测新产品的利润。同时，还应综合企业的资金状况、市场需求情况以及宏观经济情况等财务和非财务信息做出决策。新系统在进行财务决策支持时也是基于"决策有用信息—财务决策方法和模型—生成财务决策"的原理进行的。

1.决策有用信息的获取

决策有用信息是财务决策的始点。正如开发使用机器学习方式评估个人信贷风险指数业务的 Zestfinance 公司认为"一切数据皆是信用数据",对于企业来说,一切信息皆是决策有用信息。因此,新系统在进行信息收集时不对信息进行筛选,从而保证决策有用信息的全面性。为提高决策有用信息的相关性和可用性,需要对这些数据进行进一步加工,即对非结构化数据借助自然语言处理技术进行结构化处理,提取关键实体信息,并挖掘这些信息间蕴含的数据关系。结合经过数据清洗的结构化数据进行数据挖掘,新系统可获得包含数据本身和数据间复杂关系在内的高质量的决策有用信息。

2.财务决策方法和模型的建立

财务决策方法和模型是连接决策有用信息和财务决策的纽带,反映应了二者之间的逻辑关系和因果关系。因此,财务决策方法和模型对于财务决策质量的影响重大。借助深度学习算法,我们向新系统输入决策有用信息,如果其做出了正确的财务决策,我们就给做出正确决策的神经网络增强权重,反之就减少权重。这个过程就是对新系统的训练过程。在经过足够多次训练后,新系统就会总结出自己的财务决策方法和模型,在不需要人类参与的情况下做出财务决策。这些财务决策方法和模型可能有别于当前已固化的模型,相比固化模型,这些方法和模型是更加复杂的函数体系,对数据的拟合程度也更高。并且,随着训练次数的增多,这些方法和模型会更加复杂,因此财务决策质量也会随之不断提升。

3.财务决策的生成

当新系统收到财务决策目标时,就会启动财务决策支持程序。新系统会根据财务决策目标选取经过训练得到的财务决策方法和模型,并根据方法和模型选取决策有用信息。经过计算和分析,最终生成财务决策。

四、人工智能下财务决策支持系统实施路径的构建

人工智能技术的应用为企业智能财务决策系统的实现提供了强大支撑。在人工智能环境下,企业可通过构建财务决策支持系统的实施环境、

定制财务决策的具体路径、明确财务决策评价原则并持续完善系统、建立人机协同机制等途径实施财务决策支持系统。

（一）实施环境构建

系统正常运转需要周围环境提供支持和保障。实施环境包括相关支持系统和规章制度。支持系统为新系统正常运行提供了物质、数据和人力资源方面的保证，而配套的制度支持则明确了责任和权限，规范了新系统的应用秩序。

1. 支持系统构建

（1）基础业务及财务系统构建。企业原有的业务及财务系统，如ERP系统、HR数据库等是新系统所需企业内部数据的重要来源。一方面，相比人工处理的数据，计算机处理的数据往往具有更高的可靠性，因此基础业务及财务系统覆盖范围越广，自动化程度越高，新系统中数据质量越高，进而为提高财务决策质量提供了保障。另一方面，基础业务及财务系统的构建使得数据导入工作可以完全由计算机进行，大大提高了数据导入的效率和效果。因此，在构建新系统前，企业应先完善基础业务及财务系统构建。

（2）数据仓库构建。从基础数据库收集的信息都在经过清洗、加工和归类整理后按主题存储于数据仓库中，因此数据仓库中存储了各层次财务决策所涉及的全部数据。也就是说，数据仓库为财务决策提供了数据基础。因此，企业构建一个安全可靠且容量充足的数据仓库是必不可少的。大型企业可以构建自己的数据仓库，这种数据仓库构建成本偏高，可拓展性较差，但是可通过内网连接，安全性有保障。企业也可以选择云端数据仓库，其由专门的运营商构建和维护，企业只需要支付使用费，大大节省了企业的时间成本、人力成本和财务成本。同时，其安全性近年来也在不断提高。

（3）相关人才系统构建。新系统的使用是在公司财务领域的一次变革，不仅涉及管理者传统财务决策方式的改变，也将影响到普通员工的日常工作。因此，企业一方面应关注员工心理，通过领导带头的方式积极推进新系统构建工作，另一方面应对员工以及管理层进行必要的培训，使他们能够尽快熟悉和掌握新系统的功能和使用方法。同时，新系统的应用将会替代基层管理者完成其大部分原有工作，企业应加强对基层管理者的职业发展培训，使其掌握更高级的管理或专业技能，帮助员工提升能力，从而为企业创造更大价值。

2. 相关制度支持

（1）授权制度。新系统为不同层次的管理人员提供财务分析、财务预测和财务决策支持，涵盖集团及不同级别子公司的业务及财务数据，涉及大量公司机密，因此必须对不同层次的使用者规定适当的权限，并严格禁止权限外的操作，以保护数据安全。

新系统使用者的权利主要包括财务数据审阅权力、财务数据修改权力和财务决策支持权力。权限设置应与不同层次管理人员的需求相匹配。对于公开信息应赋予所有新系统使用者查阅的权限，同时根据职能层次限制数据钻取的权利，达到权限设置的目的。高层管理者应区分集团高层管理者和子公司高层管理者。集团高层管理者的财务决策需求往往关系集团整体战略，涉及集团长远发展，因此应全面掌握集团内外部信息，以保证其可以实时进行报告审批和数据查询工作，并满足其财务决策的数据需求。子公司高层管理者的数据钻取权限则受到一定限制，仅限于钻取本公司全部信息。中层管理者的财务决策需求主要涉及各部门自身发展，如控制部门成本，因此其数据钻取权限应限制在本部门内部信息范围内。基层管理者的需求一般涉及企业日常经营活动，如原材料补给等，因此仅应被授予与其工作需求相关的数据钻取权限。

基于反舞弊考虑，财务数据修改权力应被严格控制，并执行授权审批程序。由业务和财务系统自动生成的数据不允许进行人为修改。当人工录入的数据出现错误需要修改时，应遵从不同业务部门的审批程序，如财务数据需要修改凭证记录时，需经会计主管取消审核；其他没有修改权限的人则严格限制对新系统数据的修改。

财务决策支持权利同样与管理者层次相匹配。禁止为管理者提供高于其所在层次的财务决策支持，以防止企业商务机密泄露。同时，财务决策报告也仅限本次财务决策支持发起人和其上级管理者查阅。在新系统下，基层管理者的财务决策需求基本可由新系统自动完成，但基层管理者仍可随时查看这些财务决策报告，以实现对新系统的监督。

（2）追责制度。企业管理层始终是财务决策的主体，财务决策支持系统为其提供辅助决策功能，以帮助其提高决策质量，但最终决定权仍掌握在决策者手中，因此采用新系统并不应同时减轻管理层的责任。当出现错误的财务决策时，这项决策的发起者应对其负责，并视企业遭受的损失承担相应的责任。基层管理者应负有对新系统代替做出的财务决策进行监督的责任，因此当自动执行的财务决策出现失误时，应查明基层管理者是否尽到了监督义务，若未尽到则应由其承担失职的责任。

（二）财务决策具体定制路径

1. 常规决策

常规财务决策是指企业在日常生产经营活动中频繁发生的财务决策事项，如最佳库存选择、采购时点确定、应收账款催收等，这类财务决策通常属于结构化或半结构化决策。通过对新系统的训练，可以得到这类财务决策的最佳决策模型。以采购时点确定决策为例，新系统通过实时收集的业财信息，可以监控原材料的仓储量、每日生产领用情况；根据销售合同、车间生产计划书等资料可以预测未来领料量；再结合供应商规模、销售情况、地址、天气等信息可以精准计算材料到达需要的时间。当上述信息代入训练得到的决策模型中满足再订货点时点选择条件时，新系统就会做出采购决策，并自动通知仓库等相关部门。此类决策由各部门基层管理者主导，其所在部门负责执行，所涉及的基层管理者仅需定期对决策结果进行抽查，保证系统运行的稳定性即可。

2. 复杂决策

复杂财务决策又可称为特殊财务决策，是指企业在日常生产经营活动中不经常涉及的财务决策。这类财务决策虽然发生的频率低，但通常影响重大，因此对财务决策的质量要求更高。这类财务决策通常不再由财务部门主导，而是由中、高级管理层以及董事会或专门成立的项目组负责。这类决策可以进一步分为两种类型，一种是新系统曾训练过财务决策，另一种是全新的财务决策。

对于曾经训练过的财务决策，新系统可以根据训练得到的知识和模型得出最终决策，但为了保证每一次的决策质量，在新系统做出决策后，应由负责组织对财务决策结果进行检验和评估。新系统会记录决策者对最终决策的修改，并对决策模型中的相关系数进行调整。每一次财务决策过程也是对新系统的训练，随着决策次数的增多，新系统的准确性和稳定性也会不断提高。

新系统并不是只能解决经训练的财务决策问题，对于全新的决策，新系统也可以借助已有的知识和模型做出自己的推理和预测，并形成初步决策。决策者在获得财务决策结果后，可通过自然语言与新系统进行沟通，对决策条件进行补充和修正，进一步细化财务决策方案，针对部分财务决策进行深度探讨等，直至形成负责组织满意的决策方案。同样，在决策者对财务决策结果进行修正时，新系统会自主学习，并不断形成新的知识，优化参数设置，进而提高未来应对全新决策的能力和财务决策质量。

无论是常规财务决策还是复杂财务决策，新系统都会跟踪和记录决策执行结果。当结果符合决策目标时，相关参数会被加强；当结果出现偏差，但在企业可接受范围内时，系统会对参数进行修正。对于严重偏离决策目标的结果，新系统会分析成因，在修正模型的同时向负责部门或组织输出分析报告。

（三）财务决策评价与系统持续完善路径

1.财务决策评价原则

（1）财务决策目标匹配原则。目标是财务决策的起点，不同层次的决策者具有不同层次的财务决策目标。高层次决策者的决策目标更加侧重于企业整体发展，如并购决策、新市场开发决策等；而低层次决策者的目标往往更加具体化，如供应商选择、生产线选择等。对于不同层次的目标应匹配不同层次的财务决策方案。针对高层次的目标，财务决策方案内容涵盖范围应更广，方案分析应更细致，以实现对企业整体发展的指导作用；而针对低层次的目标，方案应更具体，具体执行步骤应更明确，以方便基层执行者参照执行。

（2）财务决策方案可行原则。财务决策对企业发展的影响一方面来自决策自身质量，另一方面来自决策执行效果，尽管新系统在财务决策制定过程中已经充分考虑了企业内部资源和外部环境的影响，在决策执行之前仍应再次进行可行性评价，以确保财务决策质量。财务决策可行性评价要重点关注企业当前是否具有执行方案必需的关键资源，关键资源是否可以调用，以及用于该层次的财务决策方案中是否符合成本收益原则。另外，还应关注企业外部环境是否能够满足方案实施条件，综合评估方案风险水平并确保其在企业可接受的范围内。这个原则在决策者参与的财务决策中尤为重要，一方面是因为涉及决策者参与的财务决策往往是复杂、非程序化且十分重大的决策，这样的决策对企业发展影响力更大，因而应更加谨慎；另一方面是因为管理者的能力限制和主观臆断等因素在修改决策方案时可能会无意间影响方案可行性。

（3）财务决策过程合规原则。财务决策的程序正确是保证财务决策高质量和稳定性的重要基础。财务决策的制定始终遵循"提出财务决策目标—目标分解—画像—画像匹配—财务预测—财务决策方案制定"的过程，省略过程中的任何一个环节，都会影响财务决策质量的稳定性，形成企业发展的隐患。因此，新系统在每次方案制定完成后都要进行自检，以保证过程的正确性。

（4）执行效果达标原则。财务决策执行效果是影响企业未来发展的另一个重要影响因素，因此在对财务决策进行事前评价之外，也要对财务决策的执行进行事中和事后评价。执行效果评价可以借助主要财务指标和业务数据与行业平均水平、行业领先水平、主要竞争者、企业历史数据以及预算数据的比较分析进行，同时也要注意收集不同层次管理人员和实际执行者的反馈意见，当涉及企业外部利益相关者时，也要及时收集他们的反馈，从而使执行效果评价更加全面客观。对企业全体员工意见的收集有利于形成全员参与企业财务决策的氛围，通过对员工积极性的调动，更益于保证财务决策执行效果。另外，由于实际执行者往往比管理层更富有实操经验，对他们意见的收集有助于发现理论分析中忽略的问题，也能进一步评价财务决策的可行性。

（5）财务决策过程成本收益原则。数据收集越全面，财务分析越详细，财务决策的质量就越有保证，但同时进行财务决策的成本也越高。如果借助新系统进行财务决策后，财务决策制定成功带来的收益无法弥补决策成本，那么即使财务决策质量得到显著提升，新系统也会被束之高阁。因此，财务决策过程应符合成本收益原则，对于不同重要程度的决策目标，应设置不同的精度，进行不同详略程度的财务分析和预测，从而在保证决策质量的前提下控制成本。

（6）财务决策过程高效率原则。财务决策的制定是为了更好地把握经营机会，而机会是具有时效性的，如果财务决策制定过程效率太低，以至于错过了机会，即使最终得出的方案是正确的，也失去了意义。因此，财务决策过程的高效率与财务决策的高质量一样重要。财务决策过程的高效率原则一方面要求新系统在进行数据运算时能够选择合适的算法，提高运算速度；另一方面同成本收益原则一样，要求对于不同重要性的决策目标控制不同的分析程度和决策精度，从而节约资源，提升决策效率。

2. 系统持续完善路径

系统持续完善伴随财务决策评价进行，财务决策评价贯穿于财务决策的事前、事中和事后，并始终遵循上述六个原则。系统持续完善路径如图 3-14 所示。

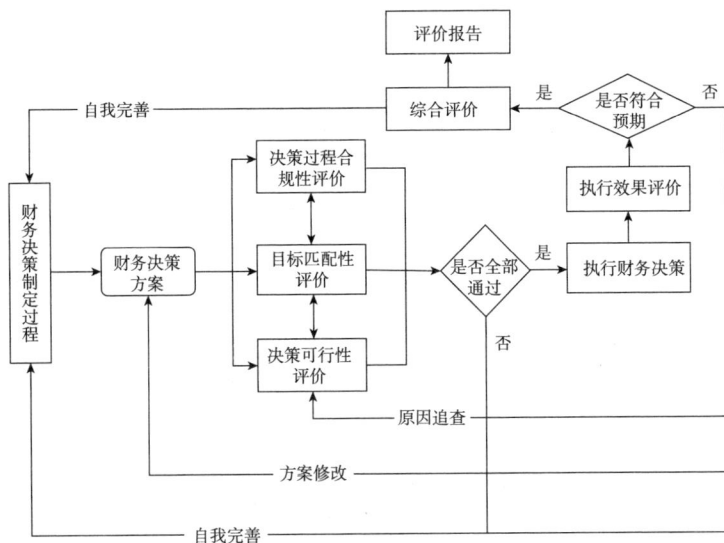

图 3-14 系统持续完善路径

当最终决策方案制定完成后，应先进行决策过程合规性评价、目标匹配性评价和可行性评价，只有当这三个评价都达标后，才会发布财务决策，并通知相关人员执行。在执行过程中，应实时收集业财数据，并开通员工意见反馈通道，收集各层次员工的反馈，同时借助官网、营销人员电话沟通等手段收集外部利益相关者的反馈，从而对财务决策的执行效果进行监督和控制，并对可行性进行二次评价，以保证企业以高效率朝着正确方向发展。在财务决策执行完毕后，再对其进行综合评价，包括对财务决策制定过程的成本收益原则评价和效率评价。对于重大财务决策，可以根据管理层需求出具分析报告，报告内容可涉及财务决策制定过程、修改次数及原因分析、执行效果评价等。

在财务决策正式实施前，当对决策过程合规性评价出现问题时，应评价问题对最终财务决策目标匹配性和可行性的影响，视影响程度考虑是否需要暂停财务决策的执行。同时，因为过程合规性问题的存在可能还会导致其他财务决策出现同样的失误，所以应及时分析导致问题发生的原因并进行弥补。当目标匹配性和可行性出现问题时，应立刻停止执行，并查找问题出现的原因，尤其注意该问题的出现是否还涉及过程合规性问题。只有当修改后的财务决策通过上述三个评价后才能进入执行阶段。在财务决策执行过程中，如果发现实施效果不尽如人意，应分析决策可行性是否存在问题以及企业外部环境是否了重大变化，并视实际情况决定是否需要暂停执行。如果可行性出现了问题，在调整现有财务决策的同时，还应注意查找决策过程和可行性检验过程存在的问题。如果外部环境出现了重大变化，应及时对财务决策进行相应修正，并对新决策重新执行上述评价程序。在修改财务决策方案的同时，新系统收集错误出现的原因，通过自我学习对自然语言处理系统、财务分析和决策模型等进行调整和修正，以提高下次财务决策支持的质量。

（四）人机协同实现机理

决策者是财务决策的主体，主导财务决策的进行，人工智能下的财务决策支持系统旨在为决策者提供更加智能和化个性化的财务决策支持，通过实现人机协同提高财务决策质量，而非取代决策者的职能。[1] 人机协同通过充分的人机交互活动得以实现，并贯穿于财务决策方案制定和执行过程始终。

---

[1]　梁荣华，史济建.人工智能在财务决策支持系统中的应用 [J].计算机工程与应用，2001（8）:118-121.

1. 财务决策目标提出与分析

财务决策目标由决策者提出，是新系统开始财务决策支持的驱动力。当新系统接收到决策者提出的具体财务决策目标后，其自动对目标进行分析，分解出其中隐含的约束条件，整个过程不需要人工参与，由新系统自主进行。目标分析效果受到训练次数的影响，对于新出现的复杂决策，分析效果可能不够理想，因此在决策方案生成后需要决策者进行审定。

2. 财务决策方案制定与反馈

财务决策方案制定与反馈由新系统主导。根据财务决策目标分析的结果，新系统自主调用企业画像，进行财务分析、财务预测和财务决策方案制定工作，并以图形、表格等多种形式输出决策方案和依据。决策者不需要参与新系统中决策的生成过程，但这并不意味着决策者不参与财务决策制定，因为对于复杂或重要的财务决策，决策者应在决策结果输出后对报告进行审阅，并对自动生成的财务决策进行审定和修正。

3. 财务决策方案审定与修正

财务决策方案审定与修正需要人机高度且密切配合。财务决策报告包含决策过程中涉及的财务分析和财务预测数据，并可根据需要向下钻取原始数据，从而将决策思路清晰地呈现给决策者，决策者可以检查决策逻辑，并将根据自身知识和经验得出的决策与新系统的财务决策进行对比，当出现差异时，决策者可直接在系统中对决策方案进行修改，也可修正或加入新的决策约束条件，并要求新系统重新决策。审定与修正过程对于复杂或重要的财务决策是必不可少的，这一方面保证了最终财务决策的质量，另一方面也使新系统得以自主学习，从而提高每次决策的准确性。

4. 总结与评价

总结与评价由新系统主导。对于修改后的财务决策，新系统自主对最终结果进行保存和评价，对于不符合标准的方案及时预警，提醒决策者注意；对于合格的方案则直接输出。评价过程虽由新系统主导，但仍需要企业内外部利益相关者的广泛参与。通过收集利益相关者的反馈，对财务决策制定及执行效果进行跟踪和持续改善。评价结果一方面以报告形式定期输出并交由管理层审阅，另一方面用于新系统的自主学习。

第四章　企业智能财务中的技术应用

第一节　财务机器人及其典型应用场景

机器人流程自动化（robotic process automation，RPA），是通过使用用户界面层中的技术，模拟并增强人与计算机的交互过程、执行基于一定规则的可重复任务的软件解决方案。RPA 也被称为数字化劳动力（digital labor），是数字化的支持性智能软件，能够完成以往只有人类才能完成的工作，或者成为高强度工作的劳力补充。

具体来说，RPA 技术具有以下特点：

（1）机器处理。RPA 根据预先编写的脚本进行重复、机械式的运动，用自动化处理代替人工任务处理。因此，RPA 可以 7×24 小时不间断地工作，提高工作效率。

（2）基于明确规则。RPA 主要是代替人工进行重复机械性操作，研发 RPA 需要基于明确规则去编写脚本。因此，RPA 适用的流程必须有明确的、可被数字化的触发指令和输入。

（3）模拟用户操作与交互。RPA 主要模拟的是用户手工操作，如复制、粘贴、鼠标点击、键盘输入等。例如，国内早期出现的"按键精灵"可以录制用户界面的所有操作，记录下鼠标点击位置和键盘数据字符，然后形成脚本分配给机器人去操作，实现自动处理表格间数据的转换、自动调整文档格式、文章排版、自动收发邮件、自动打开检验网页链接、文献检索、收集资料等重复操作。

下面以 RPA 技术为基础，介绍财务机器人及其典型应用场景。

一、财务机器人的功能

财务机器人是 RPA 技术在财务领域的具体应用，针对财务的业务内容和流程特点，以自动化替代财务手工操作，辅助财务人员完成交易量大、重复性高、易于标准化的基础业务。[①] 企业可以将财务机器人视为组织中的虚拟劳动力，对于财务工作中基于明确规则的可重复性工作流程，财务机器人是能够在特定流程节点代替传统人工操作和判断的财务自动化应用。

RPA 通过对人类操作和人类判断的模拟，能够实现数据的收集和整理、验证和分析、记录、协调和管理、计算和决策、沟通、报告等一系列功能。RPA 技术应用在财务领域并结合一系列认知技术，能够代替传统财务人工的数字化应用，实现财务流程的自动化，提高财务部门人员配置的合理性和有效性，达到人力资源和工作强度的"削峰填谷"。

基于 RPA 的技术特点和功能，可进一步将财务机器人的功能划分为五大类，即数据检索与记录、图像识别与处理、平台上传与下载、数据加工与分析、信息监控与产出。在实际应用中，财务机器人往往承载以下多种功能的组合，从而实现某一流程节点的自动化。

（一）数据检索与记录

数据检索与记录是财务机器人最基础的功能，通过记录传统模式下财务人员的手工操作，设置计算机规则进行模拟，从而使财务机器人执行数据检索、数据迁移、数据录入的动作。财务机器人数据检索与记录功能如图 4-1 所示。

---

① 余浩.基于 RPA 技术的财务机器人在企业中的应用 [J].中国管理信息化，2022，25（4）：67-69.

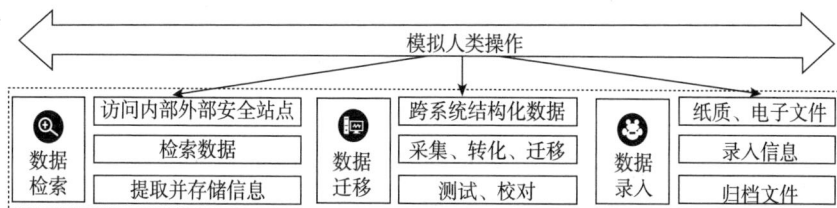

图 4-1　财务机器人数据检索与记录功能示意图

1. 数据检索

通过预设规则，财务机器人模拟财务人员手工检索操作，自动访问内部和外部安全站点，根据关键字段自动进行数据检索，提取并存储相关信息。相较于用传统的编程方式来解决数据检索问题，财务机器人对页面元素获取的灵活性更强，在页面存在部分修改的情况下，无需对项目架构进行调整，节约了系统维护成本。

2. 数据迁移

对于跨系统的结构化数据，财务机器人可自动进行数据采集、逻辑转化和数据迁移，并对数据完整性和准确性进行测试和校对。在跨系统数据迁移过程中，财务机器人不但能够进行原始数据的采集，还能够灵活处理数据逻辑转化，适应数据或流程的变更；除了一对一的系统数据迁移与测试，财务机器人还适用于一对多、多对一、多对多的跨系统数据迁移与测试。对于多系统间的数据迁移，系统配适性更强，数据迁移成本更低。

3. 数据录入

对于需要录入系统的数据信息，财务机器人识别纸质文件信息或接收电子文件信息后，模拟财务人员手工操作，将预填充的数据自动录入至对应系统，并对原始文件进行归档。例如，使用财务机器人在供应商管理系统设立并维护供应商数据信息，在开票系统录入发票开票信息，从而实现财务机器人自主开票；在银行系统输入付款数据，从而为普通付款和批量付款自动生成会计分录。

（二）图像识别与处理

图像识别与处理功能是指财务机器人依托 OCR 技术对图像进行识别，

提取图像中的有用字段信息并输出为能够进行结构化处理的数据，从而进一步对数据进行审查与分析，并输出为对管理、决策有用的信息。

1.OCR 识别

财务机器人利用 OCR 技术对扫描所得图像进行 OCR 识别预处理，在此基础上对文字图像进行特征提取和降维，从而进行文字分类器设计、训练和实际识别。在完成 OCR 识别后，进一步对分类结果进行优化校正和格式化，最终将提取的图片关键字段信息输出为能够进行结构化处理的数据，由此减少财务人员手工录入的工作。OCR 技术目前主要应用于对发票信息的识别，财务人员可以从发票信息识别和录入的机械操作中解放出来，转变成财务机器人的管理者。

2.数据审查与分析

基于 OCR 技术对图像信息的识别，财务机器人根据预设的规则，模拟人类的判断，进一步做出任务处理操作，对识别完成的文字按照预先设置的判断要点、关键信息进行审查和分析，完成从图片到信息的转换与初加工。

（三）平台上传与下载

上传与下载的核心在于后台对数据流的接收与输出，财务机器人按照预先设计的路径，登录内部、外部系统平台，进行数据的上传与下载操作，完成数据流的自动接收与输出。

1.平台上传

不同系统间往往需要进行数据及文件的传递，当系统间数据接口尚未打通、彼此间数据融通存在障碍时，就需要通过平台上传的方式进行数据同步、文件更新。财务机器人模拟人类手工进行系统上传的操作，自动登录多个异构系统，上传指定数据、文件至特定系统／系统模块。例如，财务机器人自动登录客户关系管理系统，批量勾选上传客户信息主文件。

2.平台下载

基于系统间数据同步、文件本地化存储等需求，财务机器人可自动登录多个异构系统，下载指定数据、文件，并按照预设路径规则进行存储，进一步根据规则进行平台上传或其他处理。例如，财务机器人自动收取并下载邮件，自动下载银行账户清单，创建文件并储存在合适的文件夹中。

（四）数据加工与分析

基于检索、下载的数据信息，财务机器人可进一步进行检查、筛选、计算、整理以及基于明确规则的校验和分析。

1. 数据检查

数据检查是原始数据进一步加工处理的起点，财务机器人对获取数据的准确性、完备性等进行自动化检查，识别异常数据并做出预警。例如，财务机器人对从多口径获取的财务信息、业务信息进行初始数据的检查核对，预警异常数据，进一步基于数据规则进行差异处理。

2. 数据筛选

财务机器人按照预先设置的筛选规则自动筛选数据，完成或推进数据预处理工作，锁定进一步加工处理的数据范围。例如，财务机器人在涵盖多指标的报表中筛选核心指标以及需要进一步计算处理的基础指标，基于筛选的数据进行数据计算、整理等后续处理。

3. 数据计算

对于获得的原始结构化数据，财务机器人可按照明确规则自动进行数据计算，从而得到满足个性化管理需求的数据信息。例如，财务机器人基于下载的详细销售数据，按照佣金分配规则进行佣金计算。

4. 数据整理

财务机器人能够对提取的结构化数据和非结构化数据进行转化和整理，并按照标准模板输出文件，实现从数据收集到数据整理与输出的全流程自动化。例如，财务机器人从不同的财务系统和报告中提取、识别数据，并自动进行数据整理。

5. 数据校验和分析

在预先设置数据映射关系的前提下，财务机器人能够对从指定路径获取的批量文件自动进行匹配验证，并对例外事项进行简单调查，对数据错误进行分析和识别。例如，调用财务机器人对核心的财务子系统账户余额进行对账，对未成功对账的案例进行简单的调查，并对账户差异进行分析，生成对账失败报告，最后进一步创建日记账分录以处理差异。

（五）信息监控与产出

信息监控与产出是指财务机器人模拟人类判断，推进财务运行工作流程的一系列功能，包括工作流分配、标准报告出具、基于明确规则决策、自动信息通知。

1. 工作流分配

财务机器人可按照预设的工作流程进行工作流分配和交接处理，实现工作流程和批复的自动推进。例如，对于数据校验环节生成的对账失败报告，财务机器人会根据预设的对账失败处理流程发送邮件至相应人员进行审核与批复。

2. 标准报告出具

财务机器人将从内部、外部获取的信息，按照标准的报告模板和数据、文字要求，模拟人类操作整合、输出自然语言的报告。例如，财务机器人出具预测数据与实际数据的对比报告，基于收集和整理的数据自动生成监管报告，按照模板创建标准日记账分录、报告，预填制复杂报告中标准规范的部分。

3. 基于明确规则决策

财务机器人基于明确的规则，通过自动化指令触发，可进行分析、预测和决策。例如，利用过去的数据和市场数据进行自动化预测，根据历史信用记录进行信用审批，按照预先设置的规则自动处理标准的费用支出。

4. 自动信息通知

在财务处理流程环节，对于需要向其他节点财务人员、员工、供应商、客户等推送信息进行通知、跟催的事项，可调用财务机器人进行信息通知，财务机器人识别到涵盖推送信息的关键字段，自动生成信息通知指令，并进行信息发送。例如，财务机器人识别到员工借款逾期未还的信息，自动向员工发送逾期提醒邮件。

二、财务机器人的适用标准

财务机器人适用的业务特点是支持其处理不同流程和任务的运行环境，这是财务机器人高效运作的基础，为财务机器人的应用提供了必要性和可行性。总体来讲，财务机器人适用于模拟人类进行简单重复的操作，处理量大易错的业务，并且以 7×24 小时不间断的工作模式，在不改变原有信息系统架构的基础上实现异构系统的贯通。

（一）简单重复操作

财务工作流程中，有些环节需要人工机械、重复地进行信息系统操作，在这些环节应用财务机器人，企业可以降低人力成本，提高工作效率，消除人为错误，提高财务处理质量和准确性。这一类简单重复操作的流程环节通常具备以下特征：

（1）流程固定、规则明确。对于一些流程固定、处理规则明确的操作，只需要按部就班地点击按钮或进行其他机械操作即可完成，这类业务为财务机器人的应用提供了可能性。例如，月结的固定操作，如自动结转凭证、计提资产折旧、内部往来对账、结汇、关账、编报完成确认等可通过调用财务机器人实现自动化操作。

（2）重复性高、附加值低。对于企业来讲，大量简单重复的工作额附加值往往较低，此类工作岗位或工作节点占用的人员多，产生的效益低；对于财务人员来讲，重复、枯燥的工作不利于个人能力的发挥，岗位吸引力不足导致流动性较高。这类业务使应用财务机器人有了一定的必要性。

（二）量大易错业务

采用财务机器人处理业务存在一定的开发周期和投资成本，适用的业务必使其自动化具备合理的投资产出比，因此工作量大、易于出错的业务更适合引入财务机器人。例如，在大量数据的计算、核对、整合、验证的过程中，由于数据处理工作量大，需要投入较多的人力，导致人员占用多、人力成本高；同时，此类业务由人工操作往往容易出错，而财务机器人能够批量处理数据，不仅数据处理速度快，而且能够大大提高处理的准确性。同样，这类业务也使应用财务机器人具有一定的必要性。例如，系统主数据的添加及更新维护、跨系统数据的录入及核对、发票登记及状态维护。

（三）7×24小时工作模式

传统人工工作模式下，人员工作时间有限，当企业财务工作量大时，财务人员正常工作时间难以满足企业的需求，财务处理效率会大幅下降。例如，企业应付业务量庞大时，大量积压的银行回单和记账凭证待匹配、进项发票待查验认证；或者在某一时间段工作量异常增大，随时需要财务人员进行高强度工作。财务机器人是基于机器处理的程序，能够不间断、高效率地工作，并且可以弥补人工操作容忍度低、峰值处理能力差的缺点，适用于企业7×24小时的业务。

（四）多个异构系统

财务机器人通过用户界面或脚本语言与系统交互，完全模拟人类操作和判断，将流程操作设计为独立的自动化任务，交由财务机器人执行。[①] 对于多个异构系统间的数据流转，使用财务机器人分别登录多个系统自动执行数据的采集、迁移、录入、校验，以及上传、下载和通知等操作，不会改变企业原有的信息系统架构。当数据交互的需求在原有多个异构系统的基础上扩展至更多的系统时，财务机器人能够以最小的自动化任务重新部署工作量，以最快的速度实现功能扩展。

三、财务机器人的典型应用场景

财务机器人在财务领域的应用如见表4-1所示。

---

① 李建江.智慧会计：财务机器人与会计变革[J].纳税，2021，15（30）：81-82.

表4-1　财务机器人在财务领域中的应用

费用报销	采购到付款	订单到收款	固定资产管理
报销单据接受	请款单处理	销售订单录入和变更	资产卡片管理
智能审核	采购付款	发票开具	资产变动管理
自动付款	供应商对账	返利管理	资产账龄分析
财务处理及报告出具	供应商主数据维护	客户对账与收款核销	
	供应商资质审核	客户信用审核和主数据维护	
存货到成本	**总账到报表**	**资金管理**	**税务管理**
成本统计指标录入	关账	银企对账	纳税申报准备
成本与费用分摊	标准记账分录处理	现金管理	纳税申报
账务处理及报告出具	关联交易处理	收付款处理	增值税发票开具
	对账	支付指令查询	发票验真
	单体报表和合并报表出具		涉税会计入账及提醒
档案管理	**预算管理**	**绩效管理**	**管控与合规**
票据接受和快递管理	预算的编制和生成	产品效益分析	管控合规报告出具
扫描	预算执行情况监测	客户收益分析	财务主数据管理
电子归档	预算报告创建	资本收益分析	
电子档案查询		经营分析标准化报表	

下面简要介绍财务机器人在费用报销、采购到付款、总账到报表、资金管理、税务管理等几类典型流程上的应用。

(一)费用报销

费用报销流程是财务共享服务中心实施最为普遍的流程，也是财务机器人使用最广泛的流程，具体流程如图4-2所示。

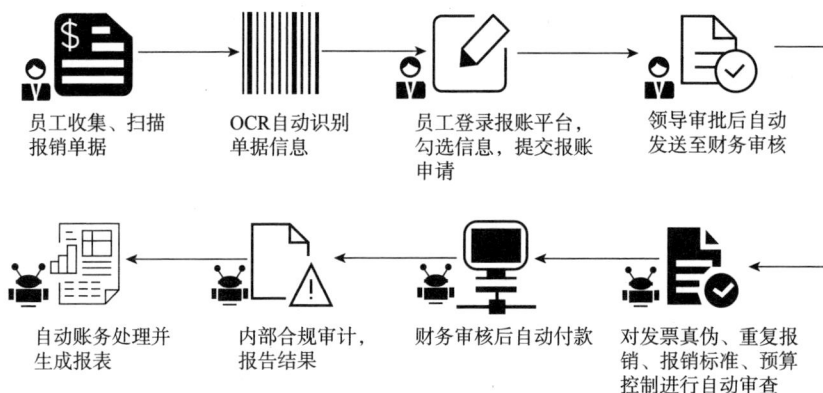

图4-2　财务机器人在费用报销流程中的应用

（1）报销单据接受：发票是费用报销流程中最关键的一项内容，多数企业仍采用纸质发票，在对发票进行邮寄、录入、粘贴、报销等过程中容易出现发票遗失、损坏或造假问题，进一步造成企业内人、财、物资源的浪费。基于机器人流程自动化技术的财务机器人克服了上述发票运作中存在的问题，企业的相关财务人员将企业内各部门及个人提交的各类单据和发票统一收集起来，由财务机器人利用OCR扫描所有单据和发票并进行自动识别，再经过分类汇总及分发传递等流程完成前期工作，最后自动生成报销单据。与此同时，相关报销员工应登录企业内部报销平台，选择自己提交的报销信息，并进一步提出报账申请。

（2）费用报销智能审核：报销单据在进行报销前需经过企业财务共享服务中心稽查处的真实性排查，排查时会自动汇总到财务共享中心收支数据库系统和企业财务系统中，并和与单据相关的数据信息进行数据一致性对比，对账一致后则转入财务部，此时借助大数据技术自动生成记账凭证，财务机器人对确认无误的凭证进行审核。财务机器人在审核前需由相关技术人员在费用报销系统中嵌入经研究讨论通过的报销审核规则，其主要按照设定的规则及逻辑进行报销标准审查、发票真伪和重复验证、预算控制等审核操作，审核完成后详细记录审核结果并及时向有关部门进行反馈。

（3）自动付款：审核通过后的报销单在系统内自动生成付款单，随即进入资金结算处，资金结算处根据付款单信息在指令池中自动生成相应的支付指令，指令生成后传至核算处，由相关核算人员对付款金额、账户等信息进行审核。审核通过后，资金结算部门就会收到相应的付款提示，并对所有发票按信用期限进行排序，根据排好的信用等级的高低顺序，按序实时进行付款通知，此时付款单正式进入待付款中心。在缺少银企直联的情况下，借助机器流程自动化技术下的财务机器人依照支付指令信息自动填写付款信息，填写完成并确认无误后提交至网银完成付款操作。

（4）账务处理及报告：财务机器人在完成付款操作前，相关的报销申请人会在内转、进卡、电汇、支票等结算方式中选择自己经常使用的方式完成确认收款工作。报销人确认收款后，资金核算处自动生成对应的付款凭证，并在经过自动提交、过账等步骤后生成财务报告，由财务机器人将该报告上交至企业管理层审阅，企业中的费用报销流程正式完成。

（二）采购到付款

实现从供应商管理、供应商对账到发票处理及付款整个过程的无缝衔接是采购到付款流程的重点，其中财务机器人适用的子流程如图4-3所示。

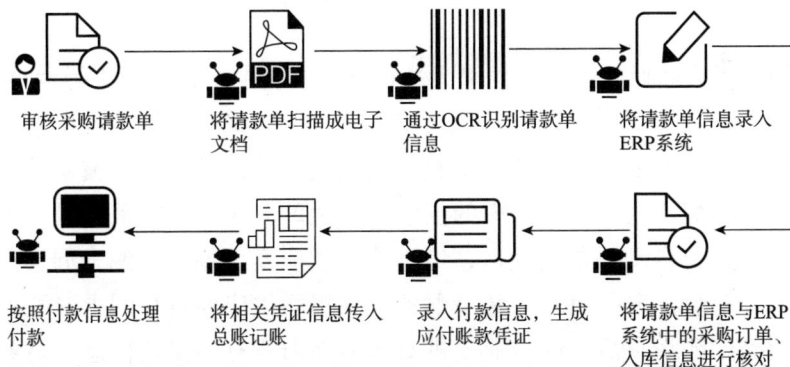

图4-3 财务机器人在采购到付款流程中的应用

（1）请款单处理：首先进行常规的采购流程，需由具有采购需求的相关人员填写采购申请单，再由业务部门、采购部门审核并签字后交由经理二次审核；审批通过后进行采购预算，在供应商选择方面，应优先选择能够提供配套设施或者服务的产品供应商，相关工作人员应对至少三家的产品供应商进行询价、比价、议价，并最终制定采购预算表及采购评估；此时经理对预算表进行偏差审核，如有偏差则召集相关负责人开会讨论；采购部在得到上级批准后与巡视厂家或供货单位签订采购合同；根据合同内容制定采购订单，并按照订单或合同上的时间进行催货及收货，收货完成后进入请款流程；采购部根据合同及订单信息制定请款单并交由财务部审核，审核完成后借助机器人流程自动化技术对 OCR 及图像辅助处理功能的有效整合，实现对请款单信息识别与扫描的异步处理，此时企业中的财务机器人在 ERP 系统录入扫描得到的请款信息，并对系统中与此内容相关的入库单信息、发票信息及订单信息进行核对，确保四者的一致性；核对一致后，财务机器人将付款信息录入系统中，系统自动生成付款凭证，随即根据凭证信息进行付款记账，记账完成后进行付款环节。

（2）采购付款：集团企业内应付款数量庞大，人工处理耗时耗力且易错过信用期最后时间点，而机器人流程自动化技术 7×24 小时工作模式可有效地解决这一问题。财务机器人根据信用期的先后顺序提交付款申请，并将付款单信息中的付款户名、金额、账号等信息与发票及凭证中的信息进行逐一核查，核查无误后提交网银等付款系统执行资金付款操作。

（3）供应商对账：相关技术人员在财务模块中设置好对账触发时间，财务机器人在机器人流程自动化技术的基础上在采购管理系统中对供应商进行管理，主要采用模拟人工数据录入的方式，借助预先编制的爬虫程序，对招标、谈判等过程中的供应商提供的公司代码、采购及一般数据等信息进行自动采集。此后，经过确定供应商、签订采购合同、产品入库等环节后，财务机器人登录财务模块提醒供应商进行网上对账，供应商收到对账请求后，向企业提供对账周期内所有的采购信息。财务机器人自行启动对账外挂程序，根据对账明细对系统内的退货明细、订单、入库单等信息与供应商出具的对账明细中的供货产品、金融、单价、数量、规格、编号等信息逐一进行核对；若存在差异则自动弹出不匹配项目并迅速通知业务部与供应商进行自查，找出差异并改正后重新提交对账信息。最后，在系统内信息与对账明细完全一致后结束对账工作，供应商在确认对账结果无误后向集团企业开具正式发票。

（三）总账到报表

总账到报表流程中关账、标准记账分录处理、关联交易处理、财务报表的出具等工作可借助财务机器人完成，具体子流程如下。

（1）关账：在启用新账前关闭之前月份的记账功能被称为关账。财务机器人在期末汇总自动进行关账工作，在机器人自动化流程技术的支持下运行 ERP 外围整合系统子模块中的关账检查请求，对企业中存货的确认和暂估、应付款项对账、关联方对账、应收账款对账、销售收入确认、银行对账、现金盘点等内容及相关明细账展开详细检查，若发现存有例外事项，则交由人工进行查验；在关账查验无误后由财务机器人运行 ERP 外围整合系统子模块中的过账请求，将经过查验的明细账数据过入总账，如有例外事项及时反馈并交由人工处理；在明细账过入总账后进行总账、明细账数据校验，具体可通过对试算平衡表与总账 / 明细账核对、试算平衡表与应收 / 应付账龄报告核对及试算平衡表与应收 / 应付账款明细核对等核对方式进行数据一致性检验，若检验存在不一致则由财务机器人反馈给相关负责人进行人工检查；检验结果表现为一致后进行关键科目核查与预警环节，该环节需对税金准确性、负数科目及关键科目进行详细核查，若存有预警项则自动交由人工处理，若没有则标志着关账检查流程结束，账期正式关闭。

期末关账具体流程如图 4-4 所示：

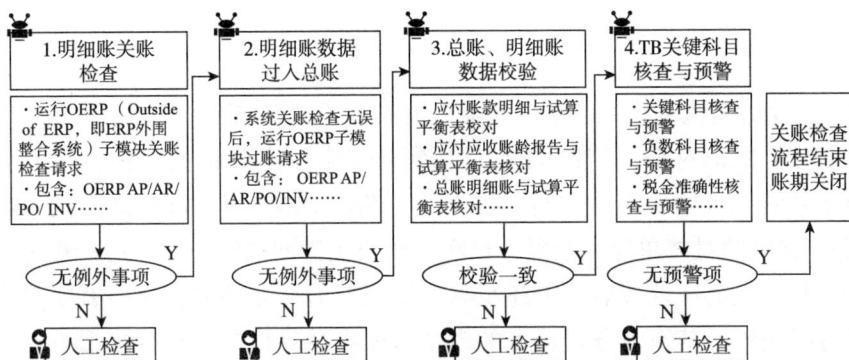

图 4-4　期末关账具体流程

（2）标准记账分录处理：财务机器人周期性地对账务分录进行记录和结转。

（3）关联交易处理：财务机器人根据相关子公司的交易信息，实现自动关联交易处理。

（4）出具单体报表：财务机器人自行完成数据汇总、合并抵销、邮件数据催收、系统数据导出及处理等工作，自动出具模板化的单体报表。

（5）出具合并报表：财务机器人先从系统中导出并根据规则完成汇率数据和当月境内外合并数据的处理和计算，计算出期末余额并对结果进行检查；再对子公司报送数据进行催收和汇总，根据抵销规则生成合并抵销分录；最后根据生成的数据形成当月合并报表。合并报表出具流程具体如图4-5所示。

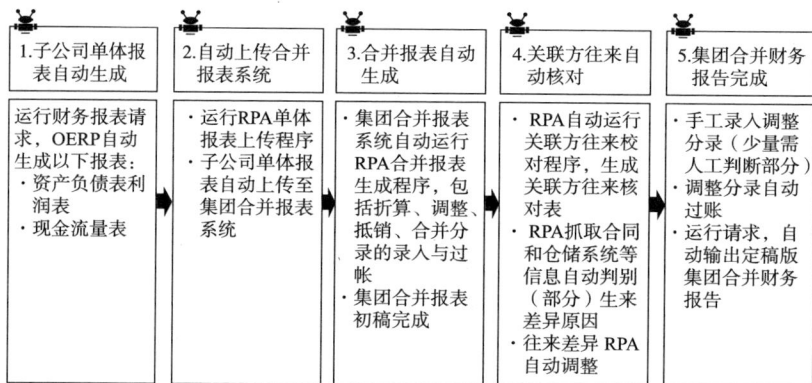

1.子公司单体报表自动生成	2.自动上传合并报表系统	3.合并报表自动生成	4.关联方往来自动核对	5.集团合并财务报告完成
运行财务报表请求，OERP自动生成以下报表： ·资产负债表利润表 ·现金流量表	·运行RPA单体报表上传程序 ·子公司单体报表自动上传至集团合并报表系统	·集团合并报表系统自动运行RPA合并报表生成程序，包括折算、调整、抵销、合并分录的录入与过帐 ·集团合并报表初稿完成	·RPA自动运行关联方往来校对程序，生成关联方往来核对表 ·RPA抓取合同和仓储系统等信息自动判别（部分）生来差异原因 ·往来差异RPA自动调整	·手工录入调整分录（少量需人工判断部分） ·调整分录自动过账 ·运行请求，自动输出定稿版集团合并财务报告

图4-5 合并报表出具流程

（四）资金管理

资金管理流程中适合财务机器人的具体子流程如下。

（1）银企对账：传统的人工银企对账流程需要相关工作人员登录资金系统或者网银下载银行对账单，并将其转换为Excel格式，随后将Excel格式的对账单导入至财务核算系统指定界面的账户中，进一步进行对账并生成余额调节表，上述步骤全部完成后循环往复直至所有账户全部对账完毕；基于财务机器人的银企对账由财务机器人运行柜面管理系统，在网银中选取其中一个银行对账单，在财务核算系统中选择相关账务数据，对两方数据进行核对，核对完成后自动出具余额调节表，循环往复直到核对完所有的银行账户。

（2）现金管理：相关技术人员将企业管理者讨论决定的现金上划线内嵌至系统中，财务机器人在此基础上自动执行现金计划信息的采集与处理、现金归集等财务活动；然后在系统内部引入智能算法，同时对集团企业的资金收支情况实施监控，在充分考虑支付金额、策略及方式等因素的基础上，计算出资金最优组合，完成企业资金的合理配置。

（3）收付款处理：财务机器人根据订单信息和供应商信息，自动完成收款与付款。

（4）支付指令查询：资金支付指令发出后，财务机器人可自动查询银行返回的支付结果，并以邮件形式反馈查询结果。

（五）税务管理

税务管理是目前财务机器人运用较为成熟的领域，包括自动纳税申报、涉税信息校验、增值税发票验真等子流程，如图 4-6 所示：

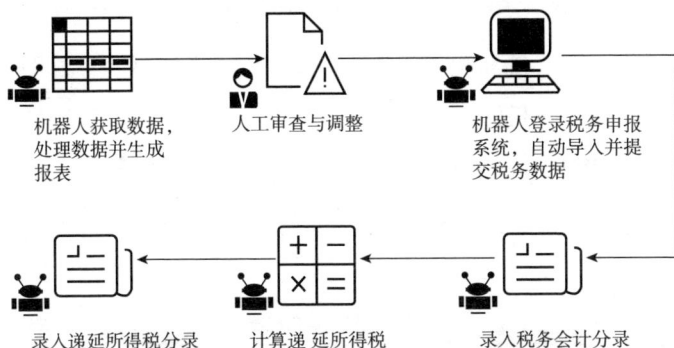

图 4-6　财务机器人在纳税申报流程中的应用

（1）纳税申报准备：财务机器人自动登录账务系统，按照税务主体批量导出财务数据、增值税认证数据等税务申报的业务数据基础。

（2）税务数据获取并维护：财务机器人获取事先维护好的企业基础信息，用以生成纳税申报表底稿。

（3）涉税数据核对校验：财务机器人通过设定好的规则调整税务差异项；借助预置的校验公式进行报表的校验。

（4）纳税申报：根据特定逻辑由工作底稿自动生成申报表，并在税务局端系统自动填写纳税申报表。

（5）涉税账务处理及提醒：财务机器人根据纳税、缴税信息完成系统内税务分录的编制，自动进行递延所得、资产或负债的计算，完成系统内的入账，并以邮件形式提醒相关责任人。

（6）增值税发票开具：基于现有待开票信息，财务机器人操作专用开票软件开具增值税普通发票和增值税专用发票。

（7）发票验真：财务机器人可基于发票票面信息自动校验发票真伪，并且可将增值税发票提交到国家税务总局查验平台进行验证和认证，并反馈和记录结果。

对于纳税主体较多的集团型企业，纳税申报的数据来源不同、申报的数据量较大，员工手工申报耗时长、效率低，且数据准确性无法保障，而纳税申报过程整体 RPA 适配度较高，相当多的步骤可以借助机器人进行自动化。例如，中兴新云纳税申报机器人将申报流程细分为数据准备、纳税申报、账务处理和评估审查四个子流程，可显著降低集团型企业办税负担，保障税务数据的准确性，具体流程如图 4-7 所示。

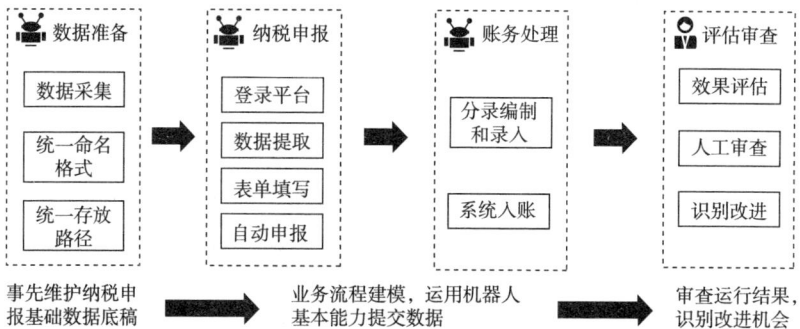

图 4-7　中兴新云纳税申报自动化流程

数据准备主要是指财务机器人与本地数据如税务主体信息、开票信息、财务信息等信息的交互，财务机器人自动登录系账务系统，导出财务数据，调整税务差异。纳税申报过程包括财务机器人与税务局系统的交互，如登录申报系统、填写并提交申报表等动作。账务处理过程则是纳税、缴税的账务化反映，财务机器人完成申报后自动进行分录的编制和录入，完成系统内的入账。最后，由员工定期对财务机器人的工作成果进行评估、审查和改进。

借助于预先设置的模型，财务机器人还可实现对预算管理、绩效管理、管控与合规等较为依赖人为判断的流程提供决策参考。财务机器人减少了企业人力投入，降低了风险，更能高效支撑业务发展和经营决策。

四、财务机器人在财务领域中的应用建议

（一）设置专业人员负责日常维护财务机器人软件设施

软件工具在财务机器人的运营过程中发挥着关键作用，同时也是最基础、最重要的资产，而软件控制是在软件中制定辅助核算编码和分录摘要编制的规则，因此对软件工具进行日常维护及控制可有效避免软件突发性故障的发生，数据录入的高准确性及低人力成本是财务机器人区别于人工的突出优势。首先，就数据准确性而言，财务机器人在收到完全准确信息的基础上，其自动录入的准确率可达100%，但是由于特定的指令是财务机器人进行批量操作的关键，若运行过程中出现错误指令，财务机器人的照常运行将会导致企业面临不可估量的后果；其次，就降低人力成本而言，财务机器人以 7×24 小时工作模式最大限度地降低了人工成本，但实际上长时间不间断的工作模式容易缩短计算机硬件的使用寿命，影响计算机软件的顺利运行。基于此，后期企业也需投入一定的人力、物力、财力来对财务机器人的软件工具及计算机硬件设施进行日常维护，而且对于计算机软件的日常维护需建立《软件工具维护日志》，并在对财务机器人软件设施展开维护活动时要求财务部门协助IT部门。

（二）收集运营阶段的反馈

随着科技的不断进步，大数据、人工智能及移动互联等技术日渐成熟，财务机器人的实施也需紧跟时代潮流，这就要求企业建立自我优化机制，及时对财务机器人进行优化改进。收集运营阶段的反馈是企业对财务机器人进行自我优化的关键之一，对于企业中的业务人员而言，其需要充分了解由于企业战略目标的改变及业务领域的扩展给企业业务流程带来的变化，还应着重关注账务处理流程在法律法规变化时发生的改变，并详细记录变化发生的具体情况；对于企业内IT人员而言，其需要

及时向有关部门反映存在局限性的软件工具，并要求有关部门及时进行完善及改正，从源头上避免因其局限性造成的运营障碍；对于企业管理者而言，其应率先完善企业内的问题反馈机制，并建立相应的《运营阶段问题日志》，对工作人员反馈的问题进行收录，所有问题在经过项目负责人的初步复核后交由管理层进行商讨决议。

（三）根据反馈调整财务机器人配置

企业内传统的业务流程在财务机器人的顺利运行下实现了以机器人流程自动化技术为基础的业务流程方向转型升级，为了使其更加符合企业实际情况及更具智能化，应树立对财务机器人持续改进的意识，在《运营阶段问题日志》的基础上，不断调整财务机器人的相关配置，实现业务流程的优化升级。IT 层面的问题可通过调整集成、系统及数据等 IT 架构来实现；业务层面的问题优化则可借助调整业务架构的方式来实现。

第二节　智能引擎及其在企业财务中的应用

智能引擎是结合了人工智能技术的新一代搜索引擎，它将信息检索从目前基于关键词层面提高到了基于知识（或概念）层面，对知识有一定的理解与处理能力，因此在财务领域得到了广泛应用。本节主要介绍规则引擎和会计引擎。

一、规则引擎：流程推动器

财务系统中内置了大量的规则，包括流程的顺序规定和审批条件的限制等。以合同付款单为例，采购专员提交了一张合同付款单，采购原材料共 12 万元，该单据提交后必须交由采购经理审批，这就是规则。财务系统中的规则是根据流程设计的，当流程改变时，规则也会随之改变。例如，一旦企业增加一条付款规定，低于 1 000 元的付款单无须审批，1 000 元至 10 万元只需采购经理审批，超过 10 万元的付款单需要采购经理和财务总监双重审批，则此时财务系统就需要更新内置规则。

在传统的软件开发中，程序员会事先根据业务需求设计软件处理流程，然后将该流程用代码实现，如在上述流程需求下，财务人员需要找到 IT 技术人员提出需求。在实务中，反复的业务规则修改，会导致开发人员的需求量大且代码维护成本成倍增加。

规则引擎将业务流程从软件系统中剥离出来，开发配套的规则编辑器，让专注于设计流程和规则的业务人员使用。针对上述流程需求，业务人员只需要在规则编辑器里新增两条规则即可——低于 1 000 元不审批，超过 10 万元继续提交给财务总监审批。规则引擎的应用可大大降低系统的更新维护成本，实现快速的规则管理。

（一）规则引擎的概念

规则引擎由推理引擎发展而来，是一种嵌入应用程序中的组件，实现了将业务决策从应用程序代码中分离出来，并使用预定义的语义模块编写业务决策，接受数据输入，解释业务规则，并根据业务规则做出业务决策。

使用规则引擎可以在应用系统中分离商业决策者的商业决策和应用开发者的技术决策，并把这些决策放在统一的地方，让它们能在系统运行时动态地进行管理和修改，从而让企业保持灵活性和竞争力。

规则引擎的应用场景往往是需要应对多变的、复杂的业务场景，要求业务规则变更能够更加快速和低成本。规则引擎的特点如下：

（1）规则引擎提供的是自然语言而不是一系列复杂代码，使用人员能够较容易地读懂业务规则，因此可以将业务规则交给业务人员处理，而且业务人员无须精通 IT 知识。

（2）提高业务灵活性，业务人员可以随时对规则进行修改和进行业务扩展，符合智能财务时代对规则能够快速响应客户需求的要求。

（3）加强业务处理的透明度，业务规则可以被管理。

（4）减少业务部门、财务部门与 IT 部门之间的依赖和矛盾，各司其职。

（5）减轻 IT 部门的工作压力，降低系统的维护成本和维护难度。

（二）知识图谱＋规则引擎

知识图谱，是一种基于有向图的数据结构，由节点及有向边组成，图中的每个节点被称为实体，有向箭头代表实体间的逻辑关系。知识图谱就像系统的一个知识库，它让系统从"关系"的角度去思考问题。

知识图谱经常被应用于以下两种场景：第一，查询理解。商业搜索引擎如百度等都会对查询词进行实体链接，返回与实体相关的结构化信息。例如，搜索乒乓球，在旁边的知识树会出现与乒乓球有关的乒乓球运动员的链接。第二，知识问答。在知识图谱结合自然语音处理技术后，计算机能够理解人类语言，使得搜索结果更加精准高效，更加简洁实用。

在财务领域引入基于知识图谱的智能财务规则引擎后，财务系统就能够"听懂"管理层的要求了。

例如，在业务员准备出差订机票的时候可以采集语音。业务员说"订明天从北京到上海的机票"，系统就会自动识别语音，把机票信息列出来，业务员筛选出合适的航班后就可以提交机票申请。基于交易管理，系统会自动生成一个出差申请单，这个订单会附带着发票信息。如果这张机票的价格超过了企业的差旅标准，先要对机票费用进行说明，再进行费用分摊，可能会在多个部门、多个项目之间进行分摊。同时，管理者能实时看到系统相关信息，如业务员乘坐什么样的航班，费用归属在哪个项目中等。如果管理者发现项目分摊有问题，可以直接通过人工智能的方式创建一条单据的控制规则，用自然语言告诉系统新的管控规则，系统就会自动识别并创建一个新的控制规则，并保存在系统中。当业务人员再次提交单据时，就会收到新控制规则的提示。

这就是基于财务的知识图谱以及基于规则的专家支持体系。不管是控制规则、风险识别规则还是账务处理规则，都是非常明确的会计规则。利用知识图谱和语音交互，让系统能够理解管理意图，企业的管控就会更加智能化。

二、会计引擎：业财语言翻译器

（一）会计引擎的概念

在业财一体化的大趋势下，企业经营中的三大主要流程——业务流程、会计流程、管理流程趋向融合。实现业财一体化的关键是让业务理解财务，让财务支持业务，即让财务数据和业务数据融为一体。在实际情况中，财务和业务数据很难相互融合，原因主要是虽然财务系统拥有统一的会计语言，以会计凭证为记录载体，以会计报表为展示工具，一个会计在看到其他会计做的分录后能够理解分录背后的经济实质，但是业务系统并没有统一的业务语言。每天企业会发生很多种类的业务，分别对应着不同的业务系统，这些业务系统中的信息在没有整理和标准化之前，很难直接被业务人员解读和理解。而且业务系统涉及的业务面越来越广泛，给每一种业务系统规定一套会计核算规则的方法也会随着业务的发展和分化而越来越复杂。因此，企业需要一个自动化的决策工具，帮助企业准确、快速地将业务语言转换为财务语言，这就是会计引擎。

如图 4-8 所示，会计引擎是业务系统和会计系统之间的中间件，是会计核算系统前置的统一决策系统。它的功能是自动收集业务交易产生的凭证信息和财务会计手工录入的凭证信息，然后根据系统预设的会计规则，自动将采集到的数据生成明细账、总账和财务报表，从而简化业务流程。它就像是一个业务数据与财务语言的翻译器，将业务语言转换为财务语言，以实现业务财务数据的对接。会计引擎的工作原理并不复杂，它靠事件推动，集成业务系统和会计核算系统，通过系统产品、事件和场景，将业务内容拆分成交易信息、计量信息等会计核算内容，按照统一的、独立的会计核算规则，生成明细账和总账。

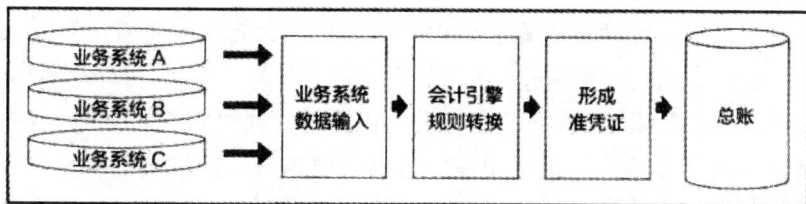

图 4-8 会计引擎的工作原理

（二）会计引擎的优势

会计引擎在业务流程中就像传统的会计人员，相当于一个做账机器人。会计引擎的使用可以给财务工作带来如下优势：

第一，简化会计流程。不需要给每一个业务系统配置一个会计核算规则，统一的会计引擎可以一端对接所有的业务系统获得业务数据输入，另一端对接核算系统或者管理会计系统。所有业务信息归纳后由独立的会计引擎平台集中处理，转换为财务语言，减少系统的重复记账。

第二，提高系统的灵活性。由于会计引擎是独立的模块，财务系统和业务系统的迭代升级不会互相影响。例如，如果业务系统做了修改，只需要维护会计引擎，更改会计规则模型即可。

第三，无须同步处理业务和财务，提高系统对业务的吞吐量，提高对客户需求的响应速度。

第四，统一数据标准，财务数据可追溯，业务数据可延伸，为企业财务管理提供可靠、标准化的数据。

除此之外，随着技术的进步，会计引擎也可借助新的技术进一步提高财务业务数据对接能力。一方面，会计引擎可以使用机器学习技术，通过监督学习或者无监督学习等方式优化业务财务信息转化规则，提高会计引擎的转换速度和转换准确率；另一方面，会计引擎也可以使用区块链技术建立分布式账本，提高会计引擎转换结果的可追溯性，保证数据的安全性和准确性。[①]

（三）会计引擎的建设方法

1.业务场景的全面梳理

业务场景的梳理是建立会计引擎的基础。首先，需要对所有系统中需要生成会计凭证的场景进行无遗漏的穷尽式梳理。其次，细分场景的分类需要站在财务端核算角度进行区分。以原材料领用的场景为例，同一原材料领用的业务动作根据其用途的区别需要进行分门别类的核算，在场景库中以"科目分类"标签进行区分并利用其在之后的科目映射中进行定位（表4-2）。再次，站在集团公司的角度，横向比较各分支机构的相似场景是否为同一实质的业务，合并同类项以优化凭证规则库，避免信息臃肿。最后，以最细分的业务场景为单位，构建会计引擎凭证规则体系。

---

① 何瑛，李堞爽，于文蕾.基于机器学习的智能会计引擎研究[J].会计之友，2020（5）：52-58.

表4-2 原材料领用场景

细分场景		场景编码	借贷方	科目分类
原材料领用	成本消耗	LY01	DR	固定成本
			CR	原材料
	大修理项目	LY02	DR	长期待摊费用
			CR	原材料
	新建项目	LY03	DR	在建工程
			CR	原材料

注：DR 表示借方，CR 表示贷方。

2. 构建动态会计科目映射规则

会计引擎从凭证规则的灵活性出发，解决了规则库过于臃肿的问题，为后期调整及运维带来了便利。动态会计科目的映射规则是会计引擎的核心，围绕"费用类型"及"科目分类"两个维度来准确定位生成凭证需要的科目。以表4-2中LY01场景为例，假设在该场景下发生了"备件"及"物料"两种原材料的领用，我们可以借助在借方及贷方定义的"科目类型"及系统输出的"费用类型"映射科目并形成分录。比如，某一项物料的费用类型，在不同业务场景时，其映射的科目可能是原材料的明细科目，也可能是主营业务成本的明细科目、销售费用明细科目，甚至可能是在建工程和长期待摊费用的明细科目，如图4-9所示。

费用类型编码	费用类型名称	原材料科目名称	在建工程科目名称	固定成本科目名称	长期待难费用科目名称
NO.001	备件	原材料-备件	在建工程-初始物资	固定成本-备件	长期待摊费用-备
NO.002	润滑油	原材料-润滑油	在建工程-初始物资	固定成本-润滑油	长期待摊费用-润
NO.003	物料	原材料-物料	在建工程-初始物资	固定成本-物料	长期待摊费用-物

分录　DR：固定成本-备件　CR：原材料-备件
　　　　固定成本-物料　　　原材料-物料

图 4-9 不同业务场景会计科目映射

3. 设计对接业财数据的载体——万能单据

依赖于会计引擎中庞大的映射规则库，万能单据可以以毫无财务专业属性的字段信息（如场景编码、费用类型代码等少量的核心数据）来承载所有业务场景的数据信息。当少量信息字段的万能单据进入会计引擎后，系统根据万能单据的核心数据从后台调用设置好的映射规则，匹配不同场景的记账分录、字段信息和科目映射。

（四）会计引擎在企业财务中的实际应用

A公司是某央企集团下的航运企业，2017年年底开始推行业财一体化建设，并于2019年年中完成上线对接工作。A航运企业的业务主要分为航运调度管理、船舶管理、船员管理三个独立的板块。目前，市场上暂无成熟的管理系统能够完全覆盖这三块业务。在推行业财一体化的过程中，A公司发现每个下属公司在这三块业务中所用的系统各不相同，统计下来共有十几套业务系统；各个公司又已在船端安装了船端系统以实现船岸连接。对于A公司来说，贸然统一业务系统并不现实，而对业务系统进行大范围改造需要花费大量时间和经济成本。因此，公司把建设会计引擎作为业财一体化中的重要桥梁。

航运企业有两大特性：一是单船公司多。航运企业一般会以单条船注册一家企业，并设置独立账套单独核算，再与管理公司签订管理协议来对自有的单船公司进行管理，以此规避生产运输时重大的海域污染事故导致的超过船价的巨额赔偿风险。二是单航次核算。一个航次对于航运企业来说就是独立核算的一个经营项目，而航次在生产作业中往往会跨越不同的会计期间，且远洋运输后，海外的供应商提前收取了款项后，相关的成本发票单据往往提供得很不及时。针对上述两大特征，A公司在设计会计引擎时就预设了以下几个相关逻辑功能。

1. 简要字段信息满足跨账套记账

在集中管理和采购中，航运企业经常存在一张单据需要跨不同的账套来生成多个单船公司的多张凭证的情况。传统的业财一体化需要在每个业务系统针对各种复杂的业务场景分别设置生成凭证的逻辑。A公司设计了万能单据作为载体，万能单据上只有"场景代码、船名、航次、费用类型、币别、金额"等少量的字段，并设置标准接口，前端业务系统在不同功能模块的管理流程中，遇到需要核算的场景，自动向会计引擎传递这几个简单的字段信息即可。万能单据传递到会计引擎后，系统会自动以"场景代码"来匹配会计引擎中预设的凭证记账规则库，从而调用对应的记账规则；"船名"则是对应的单船公司记账组织的标识，又和"航次"组合成记账科目的成本中心和利润中心；再以"费用类型"匹配对应的损益科目；最后配合"币别"和"金额"组成完整的凭证信息。由于企业的核算精细化导致在会计科目下设置了较多的辅助核算项，如"费用性质""成本要素"等，此类辅助核算项用于区分该业务的会计核算属性，如"费用性质"通过"实际数""预估数"来区分发票入账的实际成本和预估成本。为了简化业务系统的输出字段，公司全部通过场景编码在会计引擎端进行映射，不再需要业务系统在单据中进行赋值，进一步使万能单据所承载的信息轻量化。

2. 内部往来挂账逻辑优化

如前文所述，航运企业通常采用船舶管理公司＋单船公司的模式开展旗下船舶的管理及运营，一项经济事务发生通常需要双边甚至是多边挂账进行核算。以"原材料调拨出入库"场景为例，管理公司为了发挥规模经济的优势，往往会对通用的船舶备件物料进行集中采购，再分拨至下属船舶。在传统业财模式下，业务系统对于"调拨"这一业务动作需要同时站在管理公司与单船公司的角度分别发送"调拨出库"与"调拨入库"两单凭证以完成记账。在会计引擎模式下，通过"场景代码"就可以定义双边的往来科目，配合对应的原材料"费用类型"映射出管理公司与单船公司各自的借、贷方科目，从而达到以一张万能单据完成往来双方挂账的效果。

3. 单一业务单据多步骤财务处理

（1）航次变动成本的会计预估。航运企业在月末通常会对已发生但未取得原始凭证的航次变动成本进行暂估，并在次月初红冲，直至取得原始凭证后入账。传统业财一体化模式下，业务系统需要在暂估与红冲两个时点分别发单记账；会计引擎模式下，可以利用场景编码识别"航次变动成本暂估"场景，并自动生成次月红冲凭证。

（2）权责发生制下的成本分摊。为了防止或减少因战争、海盗、机械设备故障、海难及意外事故、船员或人员伤亡、疾病就医、货物及租金损失或相关法律诉讼等所遭受的一系列损失和风险，航运企业需要投保各类保险。公司在保费支付的时点，将预支的未发生月份的保险费记在资产类科目下，后续分别在相应保险期间内摊销预支的保险费并转入成本。

传统业财一体化模式下，业务系统需要在每一个保险费分摊时点分别发单记账。会计引擎模式下，业务系统只需要发送一张待分摊的总额单据，会计引擎利用场景编码识别"预交保费分摊"场景，并利用在万能单据的相关字段中明确的起始分摊日期、分摊期数，便可在相应期间生成相应分摊凭证。

4. 依据科目余额的核算规则

根据《企业会计准则第 14 号——收入》规定，企业应当根据履约义务与客户付款之间的关系在资产负债表中列示合同资产或合同负债。而远洋航线一般合同执行周期较长，航运企业对于期末仍在进行中的营运航次会依照准则按履约进度确认本期收入。确认收入时，需要先判断合同负债是否有余额，优先冲减合同负债科目余额，将剩余金额计入合同资产。

传统业财一体化模式下，业务系统需要与核算系统搭建接口以查询合同负债科目的余额，再依据查询结果与此次收入确认金额比对，判断此次记账的借方科目。会计引擎模式下，余额查询的节点后撤至会计引擎所在的核算端，大幅度缩短了单据的在途时间，提高了科目余额查询的准确率与记账的正确率。

通过以上功能，A 公司能够以万能单据接受少量业务数据，完成复杂会计判断，生成正确会计凭证。以收入确认为例，业务系统在进行收入确认时，后台自动抓取相应数据，以万能单据的形式发送给会计引擎，这张单据承载了场景、费用类型、船名等信息。会计引擎自动通过场景代码判断记账规则，通过科目余额查询结果，通过费用类型映射出明细科目；船名既是损益科目里的成本利润中心，也是不同单船公司的记账组织，还能映射出不同的会计要素，如自由船、租入船等。最终会计引擎通过这些简要的字段信息，自动生成不同单船公司的凭证，如图 4–10 所示。

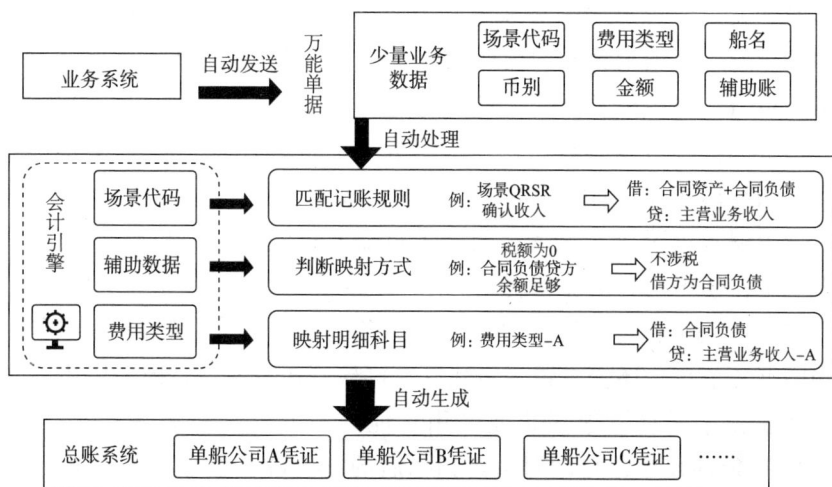

图 4-10 不同单船公司凭证的生成

在会计引擎的应用中，A 公司将记账规则在内的整套会计核算逻辑从十几个业务系统中进行了剥离，明确了业财系统的职责边界。业务系统抓取不同生产环节的业务数据，发送万能单据到会计引擎中，通过预先配置好的凭证规则转换为会计凭证到核算系统。对业务系统而言，其只需要专心负责业务管理，不需要具备财务逻辑，但凡触及业财一体化记账的场景，系统会自动抓取数据传输；对财务部门而言，财务规则统一拿到会计引擎来维护，一旦相关法规准则或者内部核算指引有变化，可以即时配置和维护凭证规则；对核算端的财务人员而言，财务规则统一拿到共享端，有利于财务人员熟悉核算制度和维护管理好会计引擎。

第三节　OCR 技术及其财务应用

企业每月都会有上千笔的员工报销以及合同报销业务，所有的发票归结至财务部门处理后，带给财务人员的工作量十分显著。若是按照传统的发票处理方式，财务人员需要手工录入发票信息，不仅准确率难以保证，还会出现很多发票无法及时处理也就无法及时入账的问题，财务人员需要花费大量的时间在这种低附加值的工作上。在传统财务发票信息采集过程中，财务人员需要经过以下四个步骤：

（1）人工整理原始财务发票。企业每月都会产生多种财务发票如增值税专用发票、增值税普通发票、汽车销售发票、餐饮发票、火车票等，财务人员需要将各种发票进行归类。

（2）扫描财务发票获得影像。财务人员将所有财务发票扫描形成图像，以图片形式存档，防止原始发票误更改，方便后期核对。

（3）财务人员手工录入。财务人员需要将发票上的必要信息手动录入系统中，便于税务认证和制证工作。

（4）凭证审核。在这一过程中，财务人员耗费大量时间用于录入发票中的财务信息，还会设置多步骤反复审核，耗时耗力，极易出错。

在新技术时代，很多企业采用智能财务发票信息采集技术，利用OCR 扫描识别技术，自动对采集扫描后的增值税发票等财务发票上的信息进行文字识别，把上面的信息从扫描图片上识别出来，并输出 Excel 表格，或者直接录入财务系统。与传统的人工手动录入数据相比，这大大减少了工作量，显著提高了准确率。

一、OCR 技术的概念

OCR，又称光学字符识别，是读取图片、照片上的文字内容并将其自动转换为可编辑文本的技术。OCR 技术应用的目的是对不可编辑的图像上指定位置的字符予以读取，并将其转换成计算机文字，最终使识别结果可再使用及分析，从而节省人工使用键盘输入耗用的人力与时间。在财务中，应用 OCR 技术最多的就是财务发票的处理工作。通过引入OCR 技术，发票上的财务信息被自动录入系统，无须手工录入，这使会计记账信息的自动提取、自动转换和自动记账成为可能。

目前，OCR 技术在财务领域的应用主要分成以下两个模块：

第一，识别确认模块。OCR 影像识别的基础工作为定义识别引擎模板。模板根据位置、识别区域来确定影像中要转换为电子信息的内容，通过标示项由引擎自动定位确定影像区域，模板定义时可对识别内容进行校正。识别模板可以识别影像文件中的任何内容。OCR 识别了发票代码、发票号码、发票日期、金额、税额、总额、购方税号、销方税号八个识别项后，形成结构化数据，用于认证、记账等流程。

第二，记账应用模块。财务部门可以利用 OCR 识别结果，提升记账信息集成度，提高核算记账效率和质量。使用 OCR 识别结果，系统在初始形成凭证预制信息时，会根据 OCR 识别的结果对行项目中的税行进行预录入，按照识别信息逐行生成"应交税费——增值税"行项目，并写入税额、税码信息，完全替代人工维护税金行项目工作。

二、OCR 技术的智能化升级

（一）影像系统 +OCR：从原始单证中提取结构化数据

在财务共享模式下，企业面临的一个矛盾就是集中办公的要求与原始凭证分散产生的矛盾。因此，企业会相应地建立影像管理系统，将各地区、各项目产生的原始凭证扫描形成电子文件，传送至财务共享中心，其中以发票管理最为显著。

如图 4-11 所示，OCR 技术从影像识别到结果输出，一般需要经过影像形成、OCR 识别、人工确认、信息记账应用、增票电子认证等五个环节。

| 影像形成 | OCR识别 | 人工确认 | 信息记账应用 | 增票电子认证 |

图 4-11　OCR 应用场景流程

（1）影像形成。将纸质单据发票交由共享中心进行扫描，形成电子影像上传至影像系统。

（2）OCR 识别。后台利用 OCR 技术自动识别业务影像。先识别出增值税发票并进行票据类型分类，然后对增值税发票关键记账信息进行识别并回写至用户确认界面。

（3）人工确认。在实际财务工作中，OCR 技术还难以全部识别规格及内容多样的会计原始凭证，但是对于增值税发票等标准统一的格式化票据，识别准确率近 95%。为了保证数据的准确一致，需要安排少量员工对关键信息进行核对。

（4）信息记账应用。将确认的影像信息转换成结构化电子数据，通过与记账系统自动集成，自动生成记账凭证中的科目。

（5）增票电子认证。识别后的结构化数据推送至电子认证模块，与国家税务总局电子发票勾选认证系统关联，实现记账后发票依据 OCR 识别的发票代码自动认证。

企业将影像系统和 OCR 技术相结合，可减少增值税发票核验时间，提高会计核算效率，从而促进共享流程标准化和财务人员转型，推动业务财务工作流程化、自动化、智能化进程，其具体表现如下：

（1）减少增值税发票核验时间，提高会计核算效率。OCR 识别结果自动按照发票类型、税率等维度进行汇总，代替原有的线下使用计算器或电子表格等手工统计方式，降低了差错率。

（2）促进共享流程的标准化。通过 OCR 影像和记账系统结合，推动会计核算智能化进程。会计核算的专业化再分工，使得会计核算流程更加标准化，流程化处理、自动化制证等特点提高了共享中心的工作效率。

（3）人员结构优化。通过将发票核算自动集成到记账步骤，减少了企业维护凭证信息的工作量，进一步降低了手工录入凭证信息出错的可能性，使记账的准确率有所提高。在工作流程上，将 OCR 确认从记账过程中独立出来，使非财务人员参与会计核算，促进了专业化分工。

（二）机器学习 +OCR：提升识别率和识别范围

目前，普遍使用的 OCR 识别技术先要对图像进行清晰度判断、版面分析、直方图均衡、灰度化、二值化、倾斜校正、字符切割等预处理，得到端正、清晰的字符图像；再用字符识别和语言模型，对文字进行识别；最后通过后处理，输出文本结果。[①]

但是，这种方法为在不同场景下对图像进行适应性调整和处理过于依赖图像处理算法，对纸张的摆放位置、拍照的光线环境、扫描仪的精度等有较高要求，很大程度上限制了文字识别准确率的提升。

基于机器学习的 OCR，能够通过使用大量被标记的数据进行监督学习，让 OCR 自主优化提升识别准确率的算法。在针对同一性质的原始单据进行大量的监督学习训练后，系统的 OCR 识别效果可以显著提高。这

① 王栋.人工智能 OCR 技术的应用研究 [J].电子技术与软件工程，2022（1）：122-125.

种"机器学习 +OCR"方法的应用，让机器不再只能识别清晰、端正的文字，还能识别倾斜、相对模糊的文字，并且支持更多的字体。这不但省去了主流方法繁杂的预处理和后处理工作，将模型训练时间从以月为单位降低到以天为单位，更是将 OCR 技术的字准确率提高到 99.9%，行准确率（一行字全部识别正确）从 80% 提高到 98%，实现了跨越式进步。

第四节　电子影像及电子档案系统

随着财务报销的集中化、电子化，财务核算工作量陡增，为了提升工作效率，需要建设以财务辅助功能为核心的影像功能，将合同、报账、财务核算等横跨预算、核算、结算等环节的各类凭证实物单据转换为电子影像，实现凭证单据电子和实物管理的结合，提升财务核算、凭证单据管理的效率，因此电子影像系统应运而生。

一、电子影像系统

（一）电子影像系统及其架构

电子影像系统作为一个单据影像采集、管理、传递的信息系统工具，一般与网上报账系统作为一个整体，与其他财务信息系统存在数据的交互关系。具体来说，电子影像系统可从采购发票系统等前端系统采集电子影像，向网上报账系统提供电子影像进行电子流运转，最终电子影像汇至电子档案系统进行实物和电子凭证的匹配归档。电子影像系统架构如图 4-12 所示。

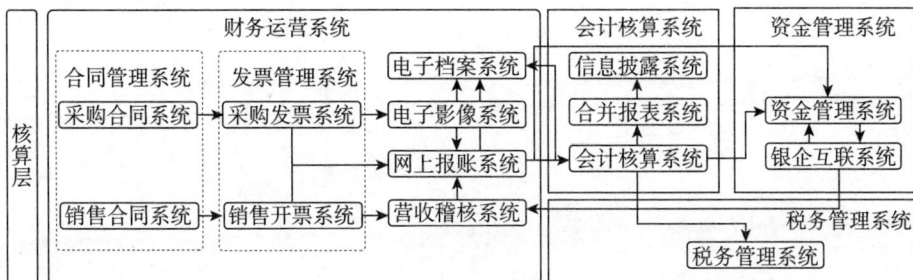

图 4-12　电子影像架构

（二）电子影像系统工作流程

（1）影像采集。通过高速扫描仪扫描实物单据，电子影像系统可自动生成单据影像。

（2）条形码识别及分组。根据报账单封面条形码信息自动将单据分组，对应各自的报账单。

（3）影像上传。实物单据影像分组后，系统根据预先设定的规则上传至服务器，支持定时上传和实时上传，支持逐单上传和批量上传。

（4）实物单据跟踪。员工在电子报账系统平台提单后，通过打印的电子单据封面上的条形码，在系统中跟踪实物单据的流转过程，每个环节对实物单据的接收和移交都需通过对电子单据封面的条形码进行扫描，记录责任人及时间等信息。一方面便于对实物单据的跟踪，另一方面便于员工自助进行实物单据位置查询。

（三）电子影像系统的功能

电子影像系统一般包括四个主要功能模块：影像采集模块、影像传输模块、影像处理模块和影像查询模块。其中，影像采集模块包括了影像扫描、条码识别、条码分组和智能图像处理功能；影像传输模块包括影像上传和影像安全功能；影像处理模块包括影像审核、影像退回及修正功能；影像查询模块包括影像调阅、考核统计和影像日志功能。电子影像系统功能框架如图4-13所示。

电子影像系统功能框架图

影像采集模块

影像扫描　条码识别　条码分组　智能图像处理

影像传输模块

影像上传　影像安全

影像处理模块

影像审核　影像退回及修正

影像查询模块

影像调阅　考核统计　影像日志

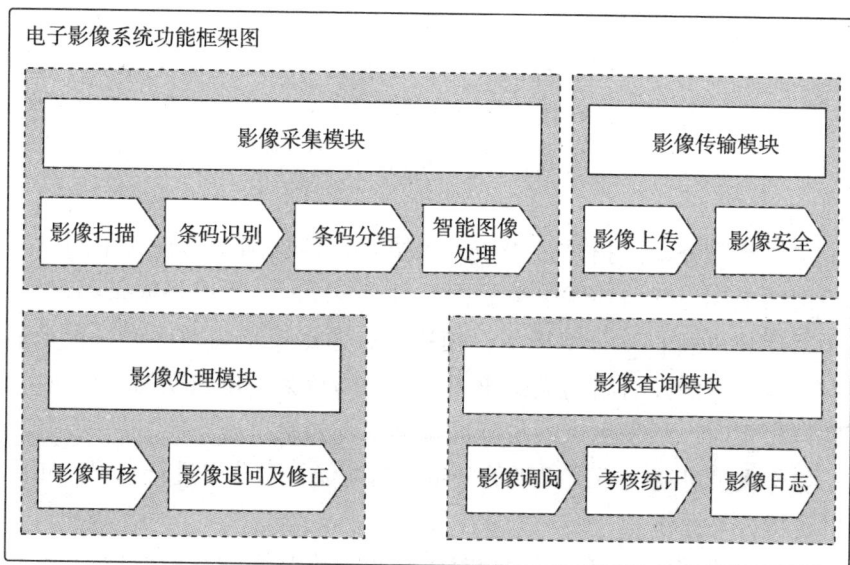

图4-13　电子影像系统功能框架图

1.影像采集

影像采集模块是电子影像系统中最为基础但也最为必要的一个模块，它是影像系统其他模块运作的前提。影像采集模块包括影像扫描、条码识别、条码分组和智能图像处理四个功能，它将纸质的票据按页扫描传入系统，并通过条码将其区分为一份一份的单据。

（1）影像扫描。影像扫描实现的是通过电子影像系统软件和扫描仪的配合捕获影像的过程。各个厂家扫描仪的驱动和底层技术有所差异，影像扫描通常采用定制或通用两种模式。如果企业在各地的扫描仪都是同一型号的，定制开发扫描程序就相对简单，扫描程序只需要和该扫描仪的驱动进行集成就可以顺利地进行扫描。在有些影像扫描系统的产品中，还集成了专业的影像采集组件，能够对捕获的影像进行二次优化。采用这种方式的影像系统具有更高的兼容性，并且能够获得压缩比和图片质量的双重提升。

（2）条码识别。条形码是影像文件的唯一性标示，影像系统采用符合国际通用的制式，按照预先设定的条形码规则产生，同时条形码可以向外围业务系统（如网上报账系统等）传递。电子影像系统中获取的影像在和其他应用系统进行关联时才能发挥最大的作用。因此，目前系统均通过对票据进行条码管理的方式，实现实物和其他系统数据的管理。对于影像系统而言，只有在识别票据附带的条码后，其才能发挥业务处理和查询等作用。条码是通过坐标和参数的方式锁定识别区域来进行识别的。

（3）条码分组。扫描过程中，系统会自动识别文档资料中的条码，将识别结果作为图像的索引数据进行保存。同时，可以根据条码识别的结果对图像进行自动分组操作，扫描的影像是按扫描顺序进行记录的，将有条码的图像及后附的无条码图像自动划分为一份独立的票据组，当新条码出现时，触发生成一份新的票据组。如果出现不能自动处理的分组，操作人员可通过系统提供的分组编辑功能，对分组进行编辑、删除、合并、拆分等操作。

（4）智能图像处理。影像采集模块可提供强大的图像处理功能，并充分利用集成设备的特性实现影像效果优化。扫描操作员可以通过图像处理功能实现图像的合并、旋转等操作。这些功能能够有效地保证图像的质量，具体来说，包括影像合并、去除黑边、自动纠偏、自动方向转正、影像压缩等多种功能。此外，最新的智能 OCR 技术和智能版面分析技术将自动判别分类增值税专用发票，并智能提取增值税专用发票的关键要素信息，供其他业务系统进行数据利用，较大程度上节省人工录入的时间，同时降低了手工录入错误的风险。

2. 影像传输

影像传输模块解决了影像上传和影像安全问题。

（1）影像上传。在影像上传功能中，影像可以采用即时上传和定时上传两种模式。即时上传是指在影像分组后直接将数据自动传送到服务器，而定时上传可以设定上传的时间和上传的数量，避开网络高峰达到传输均衡的目的。影像上传模式对如何充分利用网络提出了较高的要求，因此在设计系统时要充分考虑到定时上传机制问题。影像上传提交完毕后，服务器端可对接收内容进行自动校验，保证上传数据的完整性。此外，影响影像上传速度的另一个重要因素为图像压缩技术，一张普通的A4 纸张，文件大小控制在 50 KB 以下会比较理想，其扫描上传速度、图像浏览速度等用户体验会比较好。

（2）影像安全。扫描端在提交影像上传后，系统可自动读取后台所配置的扫描点信息，并根据读取的信息来连接对应的服务器站点，相关操作无须人工干预。此外，整个影像传输过程中采用加密的格式进行影像文件传递，确保数据在网络传输过程中的安全性。

3.影像处理

影像处理模块是电子影像系统中对业务处理进行辅助支持的模块，它的存在使得电子影像系统得到了相当的价值附加，使其从一个简单的采集和传输系统上升为一个核心的业务系统。很多版本的电子影像系统针对不同的应用和客户进行定制开发，以满足差异化的业务需求。影像处理模块包括了影像审核、影像退回及修正两个主要功能。

（1）影像审核。电子影像系统支持两种模式的影像审核：影像流程内的稽核和通过影像调阅方式协同报账等业务系统进行审核。影像流程内稽核：影像流程内可增加稽核环节，由稽核人员对单据影像进行稽核，可针对不同的业务类型来设定是否进行稽核。影像调阅：影像系统通过接口向网上报账系统等周边业务系统提供影像调阅服务，审核会计等业务人员可在网报系统内进行影像调阅。在调阅时，如果影像存在问题，可在影像调阅页面内进行影像驳回，并可限定可编辑的影像页码范围。

（2）影像退回及修正。影像退回和修正主要解决在影像质量出现问题后的退回修改问题。在影像查阅的过程中，审核人员如果发现影像存在需要变更的情况，可在影像查阅页面上直接发起影像评价操作，并且限定能够编辑的影像范围，提示当前单据存在的问题，方便扫描员进行单据影像整改操作，如补扫、重扫、替扫等。当扫描员重新扫描再上传至服务器后，系统可提供二次审阅的视图，便于审核人员快速对需要审核的相关单据进行审阅。

4.影像查询

电子影像系统提供统一平台化的影像查阅调阅管理模块，用于报账单影像查阅、各类考核统计分析和影像操作日志查询。

（1）影像调阅。影像调阅主要是指对影像采集并传入系统中保存的单据影像进行调用，电子影像系统提供了丰富的影像检索页面，不同用户角色拥有不同影像查阅的权限。用户可根据影像条码索引进行精确检索、模糊检索，还可以针对影像的注释、扫描日期、扫描区域、扫描员等进行检索设定，实现影像的检索调阅。

（2）考核统计。电子影像系统支持对扫描业务量、影像处理时间、审核时间等系统数据的查询，可实现考核统计的业务功能，使财务人员进行业务查询与处理以及数据的汇总与分析工作时更加方便、快捷、准确。

（3）影像日志。电子影像系统可自动记录所有重要操作的相关信息，将这些信息作为系统日志进行保存。这样可以使系统具有很强的可追溯性，保证系统的重要操作都有迹可循。电子影像系统通过向管理员提供日志查询菜单、用户登录日志、操作日志、系统故障日志、影像评价日志等，实现系统跟踪记录所有用户、所有操作的信息，最终达到信息监控的目的。

（四）电子影像系统实施意义

信息技术和网络条件的发展使得图片信息的采集和传输成为可能，电子影像系统应运而生并迅速成为企业重要信息系统工具，具有巨大的实施意义。

1. 实现单据电子化流转

电子影像系统可将实物报账单据电子化，也可将报账单与会计凭证等有效匹配，构建一个可扩张的、灵活的电子影像系统，大幅度提高财务处理效率。

2. 解决异地实物单据传递问题

对于尚未使用电子影像系统的企业，其票据的流转需要经过各地的归集、邮寄、接收、分发、归档等多个环节。一方面，这种多次的实物流转极大地影响了业务处理时效；另一方面，实物的频繁流转极易造成票据的丢失。影像系统在票据实物流的管理基础上得到了进一步的拓展，通过影像扫描的方式，票据直接在业务发生地进行扫描，票据实物的流转被影像的流转所取代。电子影像系统上线后，各地区、各单位产生的原始单据可以扫描形成电子化文件，并通过系统推送自动传送至各处理单位和个人，解决了实物文件传递的安全性、及时性等诸多问题，在业务集中处理的模式下，还将大大降低邮寄成本。

3.提高信息传递效率

建设电子影像系统后，所有审批环节都依照影像进行审批，不再需要各审核环节责任人通过查阅实物报账单据核对具体报账信息，将显著提高报账审批效率，缩短报账审批周期。此外，一份影像同时可以被多个业务员调用，每个工序可同时依据同一份影像信息进行业务处理，显著提高了信息传递效率。

4.提高档案管理水平

电子影像系统能够方便地获取当前实物和电子影像所在的流程环节，将会计档案资料管理与影像相结合，方便定期分批打印、装册、装盒、装柜等归档操作，提高档案资料管理的规范性与效率，并方便档案借阅。

5.提供统一的影像平台

电子影像系统通过统一的外部接口向外提供影像调阅服务，其他相关业务系统都能方便地调阅单据影像。对企业而言，单据调阅是经常发生的业务，在没有电子影像系统的情况下，面对内审人员、外部审计、税务检查时的原始单据查阅将异常复杂，有时必须将单据邮寄方可完成调档查阅的过程。电子影像系统的实施，使得原始单据被扫描后即在本地归档。对于没有必要查阅纸面单据的调阅而言，影像系统以其高效的检索速度，使得查阅者可以根据相关信息在海量影像中迅速获取查询结果。电子影像系统的实施不仅影响着财务部门，业务人员和领导也可以凭借系统的高效检索功能即时查询相关业务单据信息。

二、电子档案系统

（一）电子档案系统的内涵

电子档案系统是将公司会计档案纳入系统管理，实现会计凭证和电子影像的自动匹配、分册，档案的归档、借阅等都在系统内有迹可查的信息系统。电子档案系统在整个财务系统中处于核算层中的财务运营系统部分。电子档案系统可以实现企业实体档案的信息化，并且将企业的电子档案和实体档案进行关联管理。电子档案系统以影像技术为支撑，以会计核算系统为基础，进一步与网上报账系统等企业其他信息系统进行集成，解决了企业内部会计数据系统之间信息孤立的问题，提升了企业会计数据加工的自动化水平，很大程度上也提升了企业会计信息同外部环境的集成水平。

电子档案管理系统可以很好地解决财务共享模式下纸质档案异地的采集、传递、借阅、管理等问题。对于外部原始凭证实现有效的管理监控，同时对不同地域的凭证进行定位管理，通过影像系统统一采集入系统内，减少人为的纸质凭证传递过程，对纸质档案原件实行有效保护，实现多地域、多人员同时在线调阅档案，提高审计、纳税申报以及税务机关征管的工作效率，实现了企业无纸化和一体化办公。

（二）电子档案系统的流程

电子档案系统通过与网上报账系统、核算系统、电子影像系统等其他业务系统的无缝集成，形成与实物凭证完全一致的电子凭证，并按实物凭证归集方式分册和归档，实现凭证的电子化管理，达成财务电子凭证文档的全面集中管理。电子档案系统数据的传递流程依次为信息采集、凭证管理、归档管理和档案管理。

（三）电子档案系统的功能

电子档案系统功能框架主要分为归档和查询借阅两大模块。

1.档案归档模块

档案归档主要是将企业自制的记账凭证的电子文件同内、外部原始凭证的影像文件进行匹配，生成完整的电子记账凭证档案数据，以册为单位在系统内进行管理，达到纸质会计凭证同电子会计凭证的完全统一，其将取代日常凭证调阅中对纸质会计凭证的依赖，使得纸质档案免受人为翻阅和电子设备复印、扫描的损害。

凭证打印：电子档案系统需要优化凭证的打印方案，由于凭证、报账单、原始单据紧密关联，所以凭证打印要充分考虑这种联系，在现有打印凭证基础上增加以下四种打印方式，提高效率：第一，按纸质报账单顺序打印凭证，方便凭证和报账单的匹配和粘贴；第二，用户可以自定义凭证打印顺序，按用户任意顺序打印凭证；第三，支持已打印和未打印，重复打印控制；第四，可以关联报账单打印。

凭证匹配：为了形成一套完整的财务档案，电子档案系统需要将会计凭证与实物档案和电子报账单进行关联。在信息采集阶段，电子报账单提交时会形成唯一编码的单据号和对应实物档案单据的票据号；当实物档案进行扫描转化为电子档案时，系统会赋予其扫描时的索引号；会计凭证一般根据报账单自动生成，从而形成唯一的凭证号。基于此种模式，单据号、票据号、索引号和凭证号均可建立联系，最终实现会计凭证与实物档案的匹配。

凭证分册：电子档案系统按照会计凭证号的顺序进行自动排序，且会计凭证号顺序连续完整。系统可以根据凭证份数，实现电子档案的自动分册，而后纸质档案则同样根据这种规则实现人工手动分册。在凭证分册的过程中，电子档案系统可自动进行缺号分析，并对缺号凭证的负责人进行系统催办。

凭证入柜：电子档案系统将自动分册后的凭证册按照一定的规则合并至对应的凭证盒中，而后根据企业实物档案保管的场地空间限制，将其保存至对应的凭证柜中。实物档案的凭证入柜路径均将记录在系统中，档案使用人通过查看系统中记录的保管信息，即可轻松找到对应的原始实物档案。

2. 档案查询借阅模块

档案查询：电子档案系统的查询功能可实现在一个系统中完成从明细账到会计凭证、应付票据、报账信息及原始单据的会计信息追溯。此外，电子档案系统支持查询系统内的不同法人、不同账簿、不同类别的电子档案在系统内的状态，累计册数、实物保管地点等信息，出具多维度的档案管理报表。

档案借阅：档案借阅的系统流程包含借阅申请的发起、系统内的借阅电子审批流、借阅归还、借阅催还及续借申请。档案借阅主要以调阅电子档案为主，纸质档案为辅。

库房管理：库房管理功能包含企业电子及纸质档案的入库、出库、归还、盘点等功能，系统通过定位找到每一本纸质档案的库存状态和具体库位，方便档案使用人调阅和查找，通过条码技术的应用对纸质档案进行监控管理，确保档案的实物同电子数据一致，提升档案管理水平。

（四）电子档案系统信息对接管理

电子档案系统以影像技术为支撑，以核算系统为基础，进一步与网上报账系统、合同管理系统、人事管理系统等企业其他信息系统进行集成，解决企业内部会计数据系统之间信息孤立的问题，提升了企业会计数据加工的自动化水平。根据电子档案系统的信息采集来源，其系统对接主要为网上报账系统的报账信息、核算系统中的会计凭证信息及合同管理或人事业务系统的业务信息。

电子档案系统从网上报账系统同步获取电子报账单单据号、电子影像票据号对应关系等，从而实现系统的凭证匹配归档工作。同时，档案使用人可在电子档案系统中联查追溯到网上报账系统的报账信息。电子档案系统从会计核算系统获取会计凭证号、账簿信息、凭证信息等会计档案基础信息。对于没有对应电子报账单的会计凭证，需要打印凭证封面（生成封面条码），并根据情况在电子影像系统中补扫原始单据。同时，档案使用人可在电子档案系统中联查追溯到会计核算系统中的会计凭证信息。电子档案系统还可与企业的前端业务系统，如合同管理系统、人事管理系统、OA 办公系统等进行对接，从而实现企业业务单据的集中电子化档案管理功能。

第五节　案例分析

本节以中国烟草总公司云南省公司（包括省公司机关及所属单位，以下简称"云南烟草商业"）为例，阐释新技术在智能财务会计共享中的运用。

在云南烟草商业智能财务会计共享平台落地过程中，不仅运用到了人工智能、移动互联网、云计算、物联网等"大智移云物区"新技术，还运用到了电子会计档案、电子会计凭证、可视化技术和商业智能等新技术。这些新技术的运用，助力云南烟草商业实现了会计核算的标准化、自动化和智能化，会计报表生成的自动化，资金结算的集中化和自动化，税务计算和申报的自动化，会计档案管理的电子化、自动化和无纸化，以及预算控制的业务化、前置化和自动化，从而达成了智能财务建设的第一层次目标——提升财务工作质量，包括改善会计信息质量、提高会计工作效率、降低会计工作成本、提升会计合规能力、解放会计基础工作人员等。随着智能财务建设的持续推进，特别是智能管理会计共享平台和大数据分析应用平台的落地，云南烟草商业还会将更多新技术用于智能财务建设，以实现智能财务建设的第二层次目标——更好地服务于业务和管理工作。

一、智能财务会计共享平台中的智能化场景设计

云南烟草商业智能财务会计共享平台的框架设计如图 4-14 所示。框架中展现了如下四项内容：一是智能财务会计共享的核心内容，包括两个平台（财务共享运营管理平台、影像管理平台）以及平台中涉及的五类业务（会计核算、财务会计报告、资金结算、税务会计和会计档案管理）；二是智能财务会计共享平台与周边系统的对接，包括云南烟草商业内部的七类系统（烟叶生产经营管理系统、卷烟经营管理系统、采购管理系统、项目管理系统、费用报销管理系统、资产管理系统和人力资源系统）和云南烟草商业外部的五类系统（总公司核算管控系统、银行系统、金税三期、发票服务系统、商旅平台）；三是智能财务会计共享平台中可能实现的智能化场景，涵盖"大智移云物区"等新技术在财务会计领域的单独运用或综合运用，如 RPA、OCR、电子签名、物联网、人脸识别、语音交互等；四是智能财务会计共享平台内部，以及智能财务会计共享平台与周边系统之间可能传递的信息及信息流向。

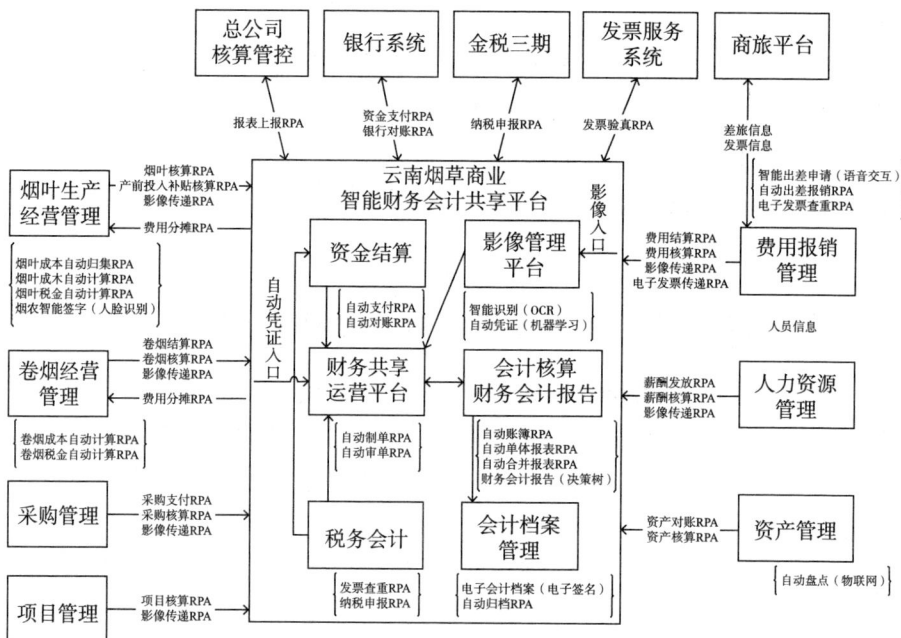

图 4-14　云南烟草商业智能财务会计共享平台的框架

在云南烟草商业智能财务会计共享建设过程中，共计涉及 151 个智能化应用场景的设计和 22 个技术细项的匹配运用。这 22 个技术细项又可归类为 18 个技术大项。其具体应用场景和产品支持等总体设计情况，如表 4-3 所示。

表4-3　云南烟草商业智能财务会计共享中的智能化场景设计

技术大项	技术细项	应用场景	场景数量	产品支持
AI-RPA	RPA	通用 RPA/ 发票 RPA/ 结算 RPA/ 核算 RPA/ 报表 RPA/ 档案 RPA	69	流程规则引擎，NCC 财务机器人，小友 RPA，开票机器人
电子会计档案	电子会计档案	电子会计凭证归集 / 电子会计凭证签章 / 电子会计档案组册	3	电子会计档案管理系统
电子会计凭证	电子会计凭证	电子会计凭证制作 / 电子发票导入与入账归档 / 电子回单下载与入账归档 / 电子合同对接与入账归档	4	我的发票夹，我的文件夹，智能财务 App "邮箱导入" "微信导入"，银行交易回单下载，业务单据流水匹配，合同档案，项目合同付款工作台

技术大项	技术细项	应用场景	场景数量	产品支持
物联网	二维码	资产盘点/CA认证/单据定位/系统登录	4	资产盘点"扫一扫",系统登录"扫一扫",付款工作台,初核工作台,复核工作台,中心抽查工作台
AI-机器学习	机器学习	发票查验图片机器学习	1	查验机器学习引擎
INS-身份认证	身份认证	移动APP扫码登录/资金结算扫码支付/资金支付审批签名	3	智能财务App"扫一扫",系统登录,付款工作台,审批待办
可视化技术	数据可视化	运营监控数字大屏/RPA运行监控/差旅出行轨迹模拟展示	3	核算质量监控,RPA运行监控,我的差旅
商业智能	数据联查	财务报表数据溯源查询/数据分析图表穿透查询/统计报表联查业务数据	3	报表管理平台,图表一体化工具,自由报表
INS-数字签名	数字签名	资金数据传输安全加密/资金支付结算签名认证/电子会计档案签名认证	3	E路签Plus,CA移动证书,电子签章
云计算	税务云	发票自动查验/发票自动认证/发票自动开具/纳税自动申报	4	税务云,税企直连
云计算	私有云	会计核算系统NCC私有云部署/YCP烟草云平台私有云部署/行业财务管控平台私有云部署/智能财务共享平台私有云整合	4	会计核算系统NCC,YCP烟草云平台,行业财务管控平台,智能财务共享平台
AI-图像识别	图像识别	发票识别	1	发票智能识别引擎
移动互联网	移动应用	发票影像采集/文件资料采集/移动智能差旅/移动智能报账/移动资产盘点	5	我的发票,我的文件,我的单据,我的差旅,智能报账,资产盘点
云计算	银企联云	单笔支付/批量支付/批量支付账户校验/余额查询/交易明细查询/交易状态查询/电子回单下载/收付款明细版式文件下载	12	银企联云

技术大项	技术细项	应用场景	场景数量	产品支持
物联网	云打印	电子会计凭证云打印／移动报销云打印	2	云打印助手，我的云打印，智能报账中心，归档打印工作台
AI–知识图谱	知识协同平台	知识共享中心／问题反馈答复／稽核反馈协同	3	知识共享中心，问题管理工作台，稽核反馈处理单
财务专家系统	智能稽核	票据自动稽核、合同自动稽核、附件自动稽核、预算自动稽核、业务自动稽核、凭证自动稽核、报表自动稽核	20	智能稽核规则库
财务专家系统	智能信用评价	员工信用自动评分	1	智能信用评分引擎
AI–语音识别	语音识别	出差申请语音助理／报表查看语音助理	2	小友 VPA
AI–自然语言处理	自然语言处理			
AI–指纹识别	指纹识别	移动智能登录／移动智能签名	2	智能手机指纹识别程序
AI–人脸识别	人脸识别	移动智能登录／移动智能签名	2	智能手机人脸识别程序
合计	22		151	

注：YCP 烟草云平台是指用友烟草行业云平台，YCP 是其英文名称 Yong You Tobacco Cloud Platforms 的首字母所写。

二、智能财务会计共享中的新技术运用

（一）人工智能的运用

人工智能的主要发展方向为感知智能、运算智能和认知智能。

1. 感知智能的运用

感知智能模拟、延伸和拓展人类视觉、听觉、触觉等感知器官的感知能力，包括图像识别、人脸识别、指纹识别、语音识别等技术。云南烟草商业在智能财务会计共享中具体使用了图像识别、人脸识别、指纹识别和语音识别技术，分别用于发票识别、移动智能登录、移动智能签名、出差申请语音助理和报表查看语音助理等场景。其中，发票识别是

指根据拍照或扫描的不同类型发票影像进行智能识别，并将影像信息形成结构化数据。能够识别的发票种类包括增值税发票（专用发票、普通发票、电子发票）、机动车销售统一发票、通用机打发票、定额发票、航空运输电子客票行程单、火车票、汽车票、出租车票、过路（过桥）费发票等。移动智能登录是指在登录智能财务 App 时，通过调用智能手机自带的生物特征识别程序（包括但不限于人脸识别程序、指纹识别程序等）对用户进行生物特征身份认证，身份认证通过后完成系统登录。移动智能签名是指在进行业务处理过程中需要进行数字签名时，通过调用智能手机自带的生物特征识别程序（包括但不限于人脸识别程序、指纹识别程序等）对用户进行生物特征身份认证，认证通过后调用用户移动证书颁发机构（certificate authority，CA）证书，对业务处理进行数字签名。出差申请语音助理是指，通过语音"我要出差"与小友虚拟个人助手（virtual personal assistant，VPA）交互，并按一定语义规则用一句话说明相关出差信息，系统据此自动完成出差申请填报并提交审批。报表查看语音助理是指通过语音"我要看报表"与小友 VPA 交互，并按一定语义规则用一句话说明需要查看的报表名称，系统据此自动调出对应报表的数据信息。

2. 运算智能的运用

运算智能模拟、延伸和拓展人类大脑的快速计算、记忆和存储能力，包括 RPA、自动稽核、自动评价、机器学习算法和深度学习算法等。

云南烟草商业在智能财务会计共享中具体使用了 RPA、自动稽核和自动评价。

（1）RPA 的运用。云南烟草商业在智能财务会计共享中具体运用了69 个 RPA，遍布智能财务会计共享覆盖的五类业务，包括会计核算、财务会计报告、资金结算、税务会计和会计档案管理。

按运用范围，RPA 可分为通用 RPA 和专用 RPA。其中，通用 RPA可用于多类业务，如自动匹配 RPA，可用于卷烟采购入库、卷烟货款入账、烟叶收购入库、烟叶收购付款入账、烟叶移库入库、烟叶挑选入库、物资扣款入账、项目单及附件导入、合同单及附件导入、补贴付款入账等多类业务的不同应用场景；专用 RPA 可用于某一类业务，如发票 RPA仅能用于发票管理，包括发票识别、发票查验、发票认证、发票开具和发票打印等具体应用场景。云南烟草商业的专用 RPA 可分为通用 RPA、发票 RPA、结算 RPA、核算 RPA、报表 RPA 和档案 RPA 六类，如图 4-15 所示。

通用RPA	发票RPA	结算RPA	核算RPA	报表RPA	档案RPA
自动采集	发票识别	自动支付	自动凭证	自动结账	自动归集
数据汇总	发票查验	自动对账	自动记账	自动关账	自动归档
自动计算	发票认证	自动核销		自动上报	自动上架
自动匹配	发票开具				
语音识别	发票打印				
自动派单					

图 4-15　云南烟草商业的通用 RPA 和专用 RPA

按涉及业务，RPA 可分为各业务类型 RPA。云南烟草商业智能财务会计共享覆盖会计核算、财务会计报告、资金结算、税务会计和会计档案管理五类业务。除此之外，还需要专门为财务共享运营管理设计相应的 RPA，主要用于凭证附件自动归集、三级稽核自动派单和工作绩效自动评价等。云南烟草商业在智能财务会计共享建设过程中，具体使用了面向 16 类明细共享业务的 69 个 RPA，如表 4-4 所示。

表4-4　云南烟草商业各共享业务中的RPA

总体共享业务	明细共享业务	RPA 数量
会计核算	卷烟经营管理	6
	烟叶生产经营管理	12
	物资管理	7
	资产管理	2
	费用报销	3
	补贴管理	2
	往来账款管理	3
财务会计报告	期末账务处理	5
	报表管理	2
资金结算	资金管理	3

总体共享业务	明细共享业务	RPA 数量
税务会计	税务管理	15
	发票管理	1
会计档案管理	电子会计档案管理	2
财务共享运营管理	凭证附件自动归集	2
	三级复核自动派单	3
	工作绩效自动评价	1
合　计	16	69

（2）自动稽核的运用。云南烟草商业自动稽核的范畴，覆盖票据、合同、附件、预算、业务、凭证和报表七大类，其功能描述如表4-5所示。

表4-5　云南烟草商业自动稽核运用

自动稽核类别	自动稽核描述
票据自动稽核	按针对不同发票种类定义的稽核规则，由系统自动执行校验并反馈稽核结果，发票种类包括增值税发票（专票、普票、电子发票）、机动车销售统一发票、通用机打发票、定额发票、航空运输电子客票行程单、火车票、汽车票、出租车票、过路（过桥）费发票等
合同自动稽核	按合同稽核规则，根据合同登记信息由系统自动对合同支付执行控制并反馈稽核结果
附件自动稽核	按附件稽核规则，对核算附件的完整性、一致性、逻辑性、真实性等进行系统控制与人工确认并反馈稽核结果
预算自动稽核	按照预算稽核规则，根据资金预算和项目预算数据由系统自动对资金支付执行控制并反馈稽核结果
业务自动稽核	对资金结算和核算、报账、卷烟经营、烟叶生产经营、物资管理、烟叶产前投入补贴、烟叶基础设施补贴、采购项目、人力成本、资产核算、税务核算、往来核算、复烤加工、罚没烟叶等业务，按照相应业务稽核规则由人机联合完成智能稽核
凭证自动稽核	按凭证管理稽核规则，对会计科目、辅助核算、借贷金额、审核签字、原始凭证完整性等内容进行系统自动控制并反馈稽核结果
报表自动稽核	按报表管理稽核规则，对月报、快报、量本利和物流费用表等报表进行自动审核校验并反馈稽核结果

（3）自动评价的运用

云南烟草商业自动评价的运用，目前已实现自动信用评价，即依据员工信用评价规则，针对每一笔业务表单智能稽核结果自动执行员工信用评分，并自动推送消息提醒员工信用评分变化。

3.认知智能的运用。认知智能模拟、延伸和拓展人类大脑的分析、思考、理解和判断等能力，包括知识图谱、自然语言理解、机器学习等技术。云南烟草商业在智能财务会计共享中具体使用了知识图谱、自然语言理解和机器学习技术，分别用于知识协同平台、出差申请语音助理、报表查看语音助理和发票查验图片机器学习。其中，知识共享协同平台基于财务知识图谱，一是提供智能财务知识共享（用户在此可查看相关政策制度、使用指南、培训课程，或者搜索相关问题的答复反馈，从而获取到有用的信息开展工作）；二是进行问题反馈答复（当用户操作系统遇到问题时，可在当前单据界面发起提问，系统根据反馈机制自动将问题推送给稽核人员处理，提高用户满意度）；三是实现稽核反馈协同（三级稽核财务人员在稽核工作过程中发现问题即可在系统内反馈沟通、协同处理并记录过程，提高稽核工作效率）。

（二）移动互联网的运用

移动互联网是移动通信和互联网的结合，同时拥有移动通信的随时、随地和随身等便利特性，以及互联网的分享、开放和互动等社交特性。云南烟草商业在智能财务会计共享的智能报账和资产盘点中运用了移动互联网技术。现分析如下。

在智能报销中有四个移动互联网应用场景：一是发票影像采集，即通过智能财务 App 能够随时随地完成纸质发票拍照与电子发票采集，并自动进行发票查验与智能稽核处理，将票据稽核前移到业务端；二是文件资料采集，通过智能财务 App 个人网盘能够随时随地完成相关文件资料的拍照并合成 PDF 文件，方便报销时直接调用；三是移动智能差旅，提供从出差申请、审批到报销的全员应用，满足多地点选择出差、多申请合并报销等各种差旅业务场景；四是移动智能报账，提供从申请、审批到报销的全业务报账应用，能够满足企业不同标准业务事项从项目或合同发起的报销处理。

在资产盘点中有一个移动互联网应用场景，即移动资产盘点，提供从盘点任务下载、二维码扫码盘点到盘点结果上传的全流程管理应用，可满足企业多部门、多资产类别移动盘点的需要。

（三）云计算的运用

云计算是一种基于互联网的计算方式，可以将共享的软硬件资源和信息按需提供给计算机和其他设备，广义上的云计算包括后台硬件的云集群、软件的云服务、人员的云共享等不同形态。云南烟草商业在部署智能财务会计共享涉及的税务云、银企联云和智能财务共享平台时运用了云计算技术。现分析如下。

税务云部署采用公有云方式，实现四项自动化应用：一是发票自动查验，即通过税务云将不同类型发票数据发送到相应验证机构进行查验，验证成功后自动获取全票面结构化数据，保证发票数据百分之百准确；二是发票自动认证，即月末从税务云自动获取待抵扣进项税发票清单，与企业当月已报销发票进行自动匹配，自动抵扣认证；三是发票自动开具，即根据业务系统和财务系统销售业务数据、开票需求及客户开票信息，连接税务云自动开具相应纸质增值税发票；四是纳税自动申报，即在税款征收期内，根据填制好的各税种纳税申报表直连税务系统进行自动报税。

银企联云部署采用公有云方式，实现 12 项自动化应用：一是单笔资金支付；二是批量代发工资支付；三是批量代发账户状态校验；四是银行活期账户存款余额查询；五是银行活期账户交易明细查询；六是卷烟货款明细数据查询；七是烟农收、付款明细数据查询；八是单笔资金支付状态查询；九是批量代发工资支付状态查询；十是银行电子回单查询下载；十一是卷烟货款明细版式文件下载；十二是烟农收、付款明细版式文件下载。

智能财务共享平台相关系统采用私有云方式部署：一是将会计核算系统 NCC 私有化部署在云南烟草商业，同时与财务会计共享平台、报表管理系统和管理会计 Web NC 相关系统无缝对接、一体应用；二是将

YCP 烟草云平台私有化部署在云南烟草商业，提供财务会计共享系统和管理会计 Web NC 相关系统的移动互联网应用；三是将行业财务管控平台省级前置端部署在云南烟草商业，在提供行业报表平台省内个性化应用的同时，满足与行业财务管控平台中数据的联动一致；四是将 YCP 烟草云平台、会计核算系统 NCC、财务会计共享平台、报表管理系统和管理会计 Web NC 相关系统全部整合到统一的智能财务共享平台，形成统一用户、统一入口、统一待办、统一样式的全新风格用户界面。

（四）物联网的运用

物联网是指通过二维码识读设备、射频识别装置、红外感应器、全球定位系统和激光扫描器等信息传感设备，按约定的协议，把任何物品与互联网相连接，进行信息交换和通信，以实现智能化识别、定位、跟踪、监控和管理的一种网络，主要解决物品与物品、人与物品、人与人之间的互联。云南烟草商业在智能财务会计共享中用到了二维码和云打印等物联网技术。现分析如下。

二维码有四个应用场景：一是资产盘点，即资产盘点时，用户通过手机扫描资产标签上的二维码，系统自动匹配资产卡片完成实物盘点处理；二是 CA 认证，即资金支付结算时，系统自动调取 CA 二维码，资金管理岗员工通过手机扫码进行身份认证及数字签名后，自动调用银企联云完成资金支付；三是单据定位，即稽核及归档打印员工通过扫码枪扫描凭证或粘贴单上的二维码，系统自动定位到对应的凭证或单据界面以供后续处理；四是系统登录，即用户访问智能财务共享平台时，系统自动生成二维码，员工通过手机扫描调取用户账号，身份认证通过后完成系统登录。

云打印有两个应用场景：一是电子会计凭证云打印，即通过在连接打印机的 PC 端安装打印助手，即可在各公司的归档打印工作台共享打印机，为三级稽核人员打印电子会计凭证提供便利；二是移动报销云打印，即企业员工在智能财务移动 App 完成电子文件上传、电子会计凭证导入或生成报销单后，即可方便地通过云打印完成相关单据的打印工作。

（五）其他技术的应用

除"大智移云物区"新技术之外，云南烟草商业在智能财务会计共享建设中还用到了六类新技术（即技术大项）。这些新技术运用的业务领域、具体的应用场景和应用场景描述如表4-6所示。

表4-6　其他新技术在云南烟草商业公司中的应用

技术	业务领域	应用场景	应用场景描述
电子会计档案	电子会计档案	电子会计凭证归集	自动归集记账凭证关联的全部电子会计凭证附件，提供电子会计档案库提取归档
	电子会计档案	电子会计凭证归集	对自动归集的电子会计档案PDF版式文件进行企业电子签章，以防数据被篡改
	电子会计档案	电子会计凭证归集	根据会计档案盒实际情况，自动完成电子会计档案组册，并据此完成实体会计档案库房的上架工作
电子会计凭证	电子会计凭证	电子会计凭证制作	将业财数字表单、会计凭证、资产卡片、会计账簿、会计报表等自动生成PDF版式文件
	电子会计凭证	电子发票导入与入账归档	从企业电子邮箱或员工微信卡包导入电子发票，并自动归集至标准业务事项申请报销单，以满足入账及归档需要，包括电子发票、财政电子票据、电子客票、电子行程单、电子海关专用缴款书等
	电子会计凭证	电子回单下载与入账归档	将从各金融机构下载的银行电子回单自动匹配到对应的资金收付款单，并自动传递至会计凭证入账归档
	电子会计凭证	电子合同对接与入账归档	将从中烟电子商务交易平台下载的PDF版式电子合同自动匹配卷烟采购合同，并自动传递至会计凭证入账归档
INS-身份认证	系统登录	移动App扫码登录	用户访问智能财务共享平台时，通过手机扫描二维码调取用户账号，身份认证通过后完成系统登录
	资金结算	资金结算扫码支付	资金支付结算时，资金管理岗员工通过扫描界面显示的CA二维码，系统进行身份认证及数字签名后，自动调用银企联云完成资金支付
	资金结算	资金支付审批签名	审批人通过手机审批资金支付单据时，系统自动调用移动CA证书进行身份认证及数字签名后，通过银企联云自动执行资金支付任务

技术	业务领域	应用场景	应用场景描述
INS-数字签名	银企联云	资金数据传输安全加密	在云南烟草商业部署带数字证书的 E 路签 Plus 设备,用于银行 U-Key 自持,同时对从企业端到银企联云之间的数据传输进行安全加密,以防数据被篡改
	资金结算	资金支付结算签名认证	为资金管理岗员工颁发 CA 移动证书,通过手机扫描支付二维码调用 CA 移动证书,对资金支付结算数据进行签名,在需要时进行签名认证
	电子会计档案	电子会计档案签名认证	为需要进行实物会计档案属地保管的基层单位颁发数字证书电子签章,对自动归集的电子会计档案 PDF 版式文件进行企业电子签章,以防数据被篡改
可视化技术	共享运营	运营监控数字大屏	通过运营监控数字大屏全面掌握智能财务共享运营实时状态
	RPA 机器人	RPA 运行监控	通过 RPA 运行监控及时掌握系统、流程、规则及 RPA 机器人运行状态
	智能报账	差旅出行轨迹模拟展示	通过智能财务 App,员工可实时掌握个人差旅出行轨迹(基于地图的地点 线路)
商业智能	报表管理	财务报表数据溯源查询	报表管理平台提供从财务报表、账户余额、明细账到记账凭证、原始凭证的数据追踪溯源查询
	数据分析	数据分析图表穿透查询	利用图表一体化工具定制开发的数据分析图表,可穿透查询数据构成明细
	查询统计	统计报表联查业务数据	通过自由报表灵活配置的统计报表,可方便联查业务数据

　　注:INS 是 Information and Network Security 的英文缩写,即信息与网络安全。

　　智能化场景设计和新技术匹配运用,是智能财务的本质所在,也将贯穿智能财务建设的始终。关于企业在智能财务建设中如何高效运用新技术,笔者提出了以下四方面的建议:

　　一是密切跟踪新技术发展趋势。企业可通过关注高德纳(Gartner)每年发布的十大战略科技、国内机构每年开展的"影响中国会计从业人员的十大信息技术评选"等活动,以及开展"会计信息化发展趋势"等专题培训,密切跟踪新技术发展趋势。

　　二是深入了解新技术运用情况。企业可通过关注国内机构开展的"中国企业财务智能化应用调查""'大智移云'技术企业应用情况调查""智能财务论坛"等专题活动，以及开展"新技术在财务领域的运用"等专题培训，甚至走访先进企业等方式，深入了解新技术的总体运用情况。

　　三是精心设计智能化应用场景。企业在进行业务流程设计的过程中，应针对每一流程节点，精心设计基于流程的所有可能的智能化应用场景。企业在进行智能财务共享平台设计的过程中，应针对平台内部实现和平台之间连接的需要和可能，精心设计基于平台的所有可能的智能化应用场景。

　　四是精准匹配运用新技术。同一个智能化应用场景，可采用不同的新技术予以实现。建议企业在选择和运用新技术时，同时遵循先进性原则和可行性原则，既要保证所选择和运用的新技术是流行的和先进的，又要保证该应用场景能够在软件实施商的配合和努力下顺畅落地运行。

第五章　数字经济时代企业财务组织建设及管理

第一节　概述

经典管理学理论认为，企业在受到外部环境冲击或内部环境变化时会进行组织变革，企业在变革时要先对企业的使命、战略等核心内容进行变革，针对外部环境和企业内部资源评估企业的优势和劣势、机会和威胁，确定企业长期发展的目标，并确定可以实现目标的战略，同时对组织进行变革，促进企业整体战略和业务单元战略的成功实施，其中包括组织结构、业务流程、权责关系的变革。

企业变革理论也适用于财务组织的变革，财务组织结构和流程的设计需要以企业价值管理为基础。财务组织不是被动的，它的目标和战略与组织整体战略既独立又协调，并且财务组织要根据自己的目标和战略，通过一系列的流程变革和组织重建，实现与业务单元的协同，从而创造价值。

由于组织具有产生稳定性的机制，因此当组织面临变革时，这种稳定性机制就会产生反作用力，形成结构惰性，以维持原有的稳定状态。当前，减少组织层级、提高组织架构的敏捷性已经成为企业数字化转型的共识，但由于其涉及每个管理者，特别是中层管理者的自身利益和领导权力，组织变革往往会遭遇较大的内部阻力。埃森哲的研究指出，组织上的顽疾是企业数字化转型道路上的重要障碍，这进一步阻碍了部门之间建立统一、高效的数据平台，从而无法建立高韧性、扩展性和敏捷性的组织，以支持业务的快速扩展和调整。很多时候，导致数字变革宣告破产的并不是技术力量的匮乏，而是源于企业内部的对抗、过于刻板的组织构架和失误的变革期管理。因此，如何对组织架构进行重构，是推动财务数字化转型的难点。

一、财务组织的发展阶段

我国的财务发展可以从中华人民共和国成立后开始谈起。在几十年的历程中，财务整体还是在发生着改变的，这种改变也是和整个中国社会的进步相匹配的。我们不妨把这个进化历程划分为几个阶段：入门阶段（财会一体阶段）、初级阶段（专业分离阶段）、中级阶段（战略、专业、共享、业财四分离阶段）、高级阶段（外延扩展阶段）。如同社会的发展一样，第一个阶段历时漫长，而后续几个阶段则在短短的时间内陡然加速，实现了迅猛的发展。

（一）入门阶段：财会一体阶段

从中华人民共和国成立到20世纪70年代末，财务与会计并没有那么显著的分离，即所谓的财会一体。事实上，在这个过程中，会计对处于当时的中国来说是更为重要的。而在这个阶段，财务管理实际上更多地服务于内部控制和成本管理。一方面，要保证不出现经济问题，需要针对资金和资产的安全投入必要的管理；另一方面，需要从降低成本上获取管理业绩。事实上，在这个阶段，有不少企业的成本管理都还是有可圈可点之处的。在入门阶段，财务管理则被视作会计的一个构成分支。

（二）初级阶段：专业分离阶段

所谓合久必分，经历了近三十年的财会一体后，随着改革开放的到来，企业的经营目标发生了很大改变。随着市场经济得到确立，企业更多地关注于自身的经营结果，也就是怎么赚钱的事情。在这个背景下，财务的地位发生了一些改变，从一个单纯"管家婆"的身份，转变为一个对内能当好家、对外能做参谋的新身份。

同时，财务组织也发生了变化，一个典型的特征是在20世纪80年代，财务管理作为一门独立的学科被分离出来，而企业中也逐渐完成了财务管理部和会计部的分设。这样做的好处是让专业的人做专业的事。在财务管理范畴中也逐步涵盖越来越多的东西，如预算管理、成本管理、绩效管理等，会计则涵盖核算、报告、税务等内容。在后期，另一个专业领域也被不少大公司分离出来，即资金管理，很多企业在财务管理部和会计部以外都设置了资金部。从上面的变化可以看到，基于专业的分离趋势在财务组织中开始出现，我们把这个阶段叫作专业分离阶段。

（三）中级阶段：战略、专业、共享、业财四分离阶段

从20世纪90年代开始到2015年这个阶段，是财务领域快速创新、积极变革的阶段，所以说这个阶段还是很有技术含量的。实际上，战略、专业、共享、业财四分离这个概念最早是咨询公司从国外引入并流行起来的。如图5-1所示，财务组织有两个三角形的变化，左边的正三角形里基础作业比重很大，右边的倒三角形里管理支持比重很大。正是在这种思想的引导下，国内很多企业开展了财务共享服务中心及业财一体化的建设。而这两大工程带来的直接影响就是基础作业分离到了财务共享服务中心，业务财务队伍成为财务组织的一个很重要的配置。

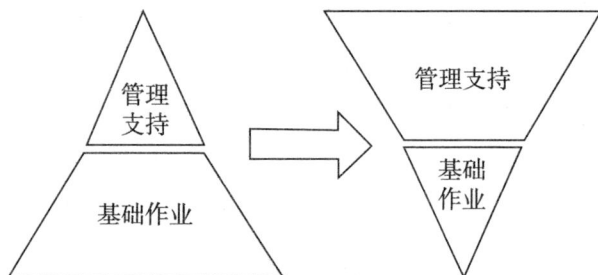

图5-1 传统阶段到四分离阶段的财务职能转变

在市面上流行的说法中还有一个三分离的概念，这个概念没有将专业财务与战略财务分离，统称为战略财务。但战略财务和专业财务还是

第五章　数字经济时代企业财务组织建设及管理

区段名称	重车	空车	区段密度	坡度	万吨单耗
肃宁北—神池南	0	51570.1	0	3.265	263.8
神池南—肃宁北	43269.3	0		3.265	13.2
肃宁北—港	17193.6	0	822.9	-0.046	13.2
肃宁北—神池南	0	37620	0	3.265	265
神池南—肃宁北	36587	0	651.3	-3.265	11.8
肃宁北	0	17156.6	0	-0.046	173.6
港	14860.1	0	582.9	3.265	
	0	26256	0	3.265	259
港—肃宁北	27116.7	0	549.7	-3.265	12.1
肃宁北	0	11443.1	0	0.046	168.3
港	11044.1	0	495.5	-0.046	40.2
神池南	0	168289.5	0	3.265	260.6
宁北	189194	0	3725.5	-3.265	11.5
北	0	73246.0	0	0.046	175.5
	75333.4	0	3264.3	-0.046	40.8
	0	6130.6	0		251.5
	0	0	136.5	-3.265	11.7
	3437.3	0	0	0.046	165.9
	0	0	121.3	-0.046	40.7
	0	344006.1	0	3.265	263.8
	32651	0	6020.1	3.265	12.1
	0	149051.7	0	0.046	171.4
	2688.7	0	5382.2	-0.046	42.4
	0	47282.8	0	3.265	270.1
	14.1	0	738.1	-3.265	11.7
	21760.4	0	0	-0.046	186.7
	0	656.8	0	-0.046	41.6
		0		3.265	
		0	1051	-3.265	
	28658.1	0	0	0.046	182.1
		894.8	0	-0.046	43.2
	46415.9	0		3.265	272.7

……的差异性分离后更为清晰。战略财务主要聚焦集团或总部的经营分析、考核、预算、成本管理等领域，专业财务则聚焦会计报告、税务、资金等内容。财务共享是会计运营的大工厂，而业务财务则是承接战略财务和专业财务在业务部门落地的地面部队。

如图5-2所示，战略、专业、共享、业财四分离的出现使财务的格局进一步上了一个层次。目前，国内大中型企业的财务建设基本上都是按着这种模式演进的，并且取得了不错的成效。

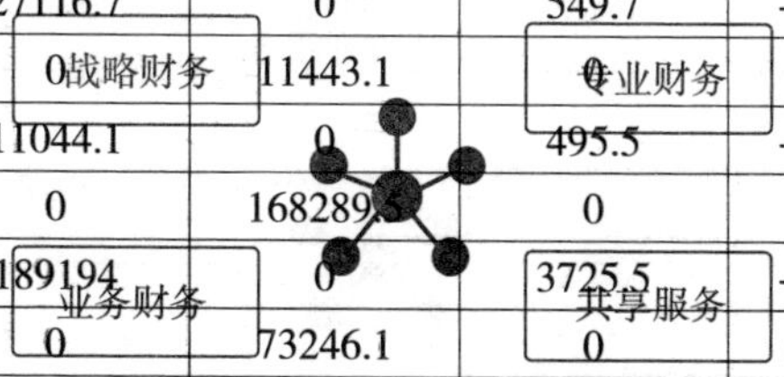

图 5-2　战略、专业、共享、业财四分离阶段

（四）高级阶段：外延扩展阶段

高级阶段的财务组织是与当下技术和概念日新月异的社会环境相匹配的。高级阶段在前面四分离的基础上进一步扩展了财务工作内涵的外延，即外延扩展阶段。

到了高级阶段，就需要有创新能力了。从2016年开始，整个社会的技术进步也在加速，移动互联网到了后期，人工智能开始起步，大数据概念普及，套装软件厂商开始迫不及待地布局云服务，企业财务组织仅仅抱着旁观态度显然是不够的。

如图5-3所示，在高级阶段战略财务开始研究如何使用大数据来进行经营分析，有些公司在财务体系中分化出了数据管理部或者数据中心。专业财务对管理会计的重视日趋加强，管理会计团队在财务组织中出现了独立的趋势。业务财务更加多元化，并且在不同的公司做法也不尽相同，有的公司基于价值链配置业务财务，有的公司则基于渠道配置业务财务。而财务共享服务中心进入成熟期后，开始向深度服务或对外服务转型，如构建企业商旅服务中心，承接服务外包业务，提供数据支持服务等，同时基于机器作业的智能化应用也在财务共享服务中心出

215

现。而另一项工作——财务信息化，在财务组织中也日趋重要，少数企业已经成立独立的财务信息化部门。随着智能时代的到来，财务信息化部门进一步演化出财务智能化团队，负责推动整个财务组织在智能化道路上前行。

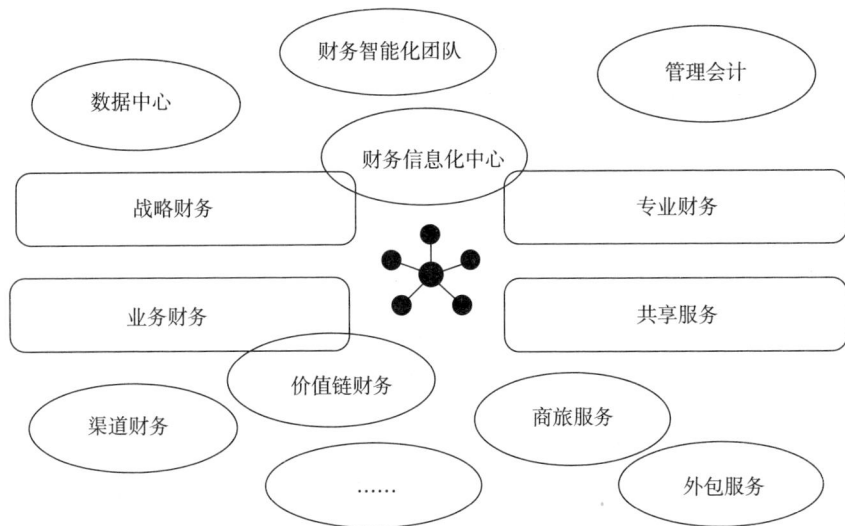

图 5-3 高级阶段的财务组织

二、数字经济时代企业财务组织变革的重要性

传统财务管理主体是以盈利与价值创造为目标的各类经济实体，其组织形式包括直线职能制、事业部制、控股制等，与其匹配的财务组织结构遵循分级和归口管理原则，往往具有较多层次，多层次的财务组织结构与财务分权管理原则相适应，可充分调动中层与基层单位自主经营管理的积极性。然而，在数字经济时代，伴随着信息技术的发展，财务管理主体呈现多元化的特征，既有实体组织也有虚拟组织，还有线上与线下相结合的组织。在互联网时代，虚拟企业的财务组织结构更加扁平化，企业决策层可以直接面对执行层，大大减少了中间管理层次，提高了管理效率。此时，如果仍然沿用传统的财务组织结构，就会产生大量冗员，降低管理效率。同时，信息技术革命带来的商业模式变革也深深地影响着财务组织结构。

（1）"客户导向"观念日益加强，产品与服务以满足、提高客户需求为目的，并受之驱动。

（2）出现了大量自我驱动型组织和平台自治型组织，组织的能动性大大增强。

（3）各类组织通过网络实现连接，商业流程由线下搬到线上，全面数据化、网络化，企业经营的重心由流程驱动走向数据驱动。

（4）企业生产经营过程与结果的信息不再局限于定期财务报告，可以做到实时化、可视化。

（5）人工智能越来越广泛地被应用于生产经营与管理决策，企业经营走向智能化。在这样一个数字化商业模式背景下，财务组织结构必须通过变革走向扁平化、数字化、网络化，这样才能跟上时代的步伐，适应信息技术革命的要求。

三、数字经济时代企业财务组织的优化策略

在数字经济时代，财务组织应该如何转型呢？本节从财务组织目标、流程和结构三大方面提出了优化建议。

（一）财务组织目标：由价值创造向价值发现转型

传统财务组织强调以价值评估为基础，通过财务分析、财务预测与决策，协助业务部门进行价值创造，实现企业价值最大化。随着数字经济的发展，财务部门仅仅依靠价值评估推动价值创造，已经不能满足企业竞争的需要。价值创造的前提是要发现价值，在茫茫市场中寻找可以实现价值增值的机会。随着信息技术的发展，财务部门应能通过掌握的供应商、客户、政府部门、社交网络以及企业自身的相关数据，对市场变化、商业机遇、发展方向、增值机会等进行更准确的分析与预测，努力发现价值增值机会，同时对未来的市场变化、潜在的市场风险有较准确的预判。这就要求财务组织利用新的技术手段提升市场洞察力，强化市场预测能力，实现价值发现目标。

（二）财务组织流程：财务流程先于业务流程，实现业财深度融合

传统财务管理组织强调财务部门要为业务部门服务，通过及时提供财务信息，为业务决策提供支持，提高业务部门的生产力，保证现金流以及清算能力等。但是，在数字经济时代，仅有这些已经不足以满足人们的需求。为了实现具有"洞察力"的财务组织目标，需要对财务组织流程进行变革，核心财务流程需要从对财务的关注转移到对企业整体发展的关注，从对业务的事后分析转变为对业务的事前预测与引导。CFO要从首席财务官变成首席未来官，要能熟练利用大数据和分析预测技术准确预计客户需求，进行实时评估，洞察本单位主要经济业务的健康状况，发现潜在的利润机会、兼并机会及其相关的风险状况，进而通过科学、及时的财务决策（如收购与投资等）使企业快速成长。业务流程需要嵌入财务分析程序，充分利用财务的事前分析与预测信息，改进业务重点与方向，适时增减投入，有效控制成本，实现业务的可持续增长。

（三）财务组织结构：由扁平化向网络化转型

在传统财务管理阶段，财务组织以"价值评估"为重要职责，大多采用事业部制的组织结构。按区域设置的事业部以及事业部下的各产品部门都有自己的财务组织，财务部门各自为政，只重点关注自己所属部门的财务情况，没有充分考虑业务部门的需求以及对企业整体发展的影响，财务效率有待提高。[①]

在互联网出现并融入财务管理阶段，财务组织以"价值创造"为主要目标，传统的事业部制组织结构带来的管理层级较多、管理效率较低的弊端凸显，为加强财务部门与业务部门的沟通，加快业财融合，实现组织目标，多数企业的财务组织选择了矩阵式组织结构。

在大数据技术出现并融入财务管理阶段，财务组织以"价值发现"为主要目标，如何提高预测分析能力，从繁杂的各类信息中洞察未来、

---

① 李宇佳.云计算环境下企业财务组织变革与人员转型[J].商场现代化，2022（4）：132-134.

发现价值、引导业务发展，成为财务组织的目标追求。此时，多数企业的财务组织选择网络化组织结构，财务流程由后台移向前台，大幅度提高了财务预测能力，强化了财务对业务的引导。同时，企业加强了财务共享中心建设，对传统财务核算进行集中处理，提高了财务活动效率；创建了整合的、网络型财务组织，强化了信息收集、分析与预测能力，促进了价值发现目标的实现。企业财务组织结构变革框架如图 5-4 所示。

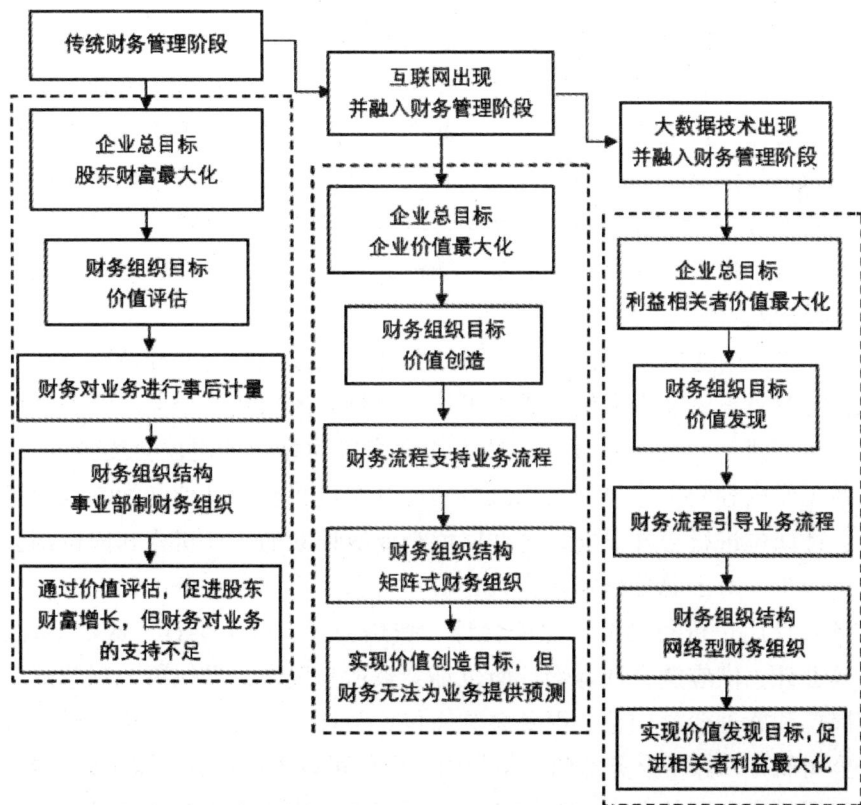

图 5-4　企业财务组织变革框架

第二节 智能财务下的企业财务团队的变革

一、智能财务下企业财务人员的转型

（一）智能财务下企业财务人员面临的挑战

1.财务基础岗位急剧减少，高级岗位人才短缺

第一，大量的财务基础核算工作被财务人工智能机器人替代，但是市场中财务岗位数量变化不大，因此会给财会人员带来严重的冲击，从事基础核算的财会人员面临被人工智能机器人取代的风险。在人工智能技术到来和逐渐普及之际，企业内部从事基础性会计核算、凭证整理、账簿装订、报表处理及纳税申报、纳税调整的会计人员将会逐步被人工智能机器人取代。

第二，企业内设会计机构和财务会计岗位逐步被合并和裁减。在人工智能背景下，随着大量基础性工作被机器人所取代，企业的财务会计岗位也将进一步得到精简，一些工作内容较为相近的岗位会逐步合并，一些工作内容和工作量都大幅减少的会计岗位将会与其他必须继续存续的会计岗位进行合并设立，合并以后企业所设立的会计机构和岗位都会有所减少。对于总分公司而言，分公司可以不再单设财务部门，或者对财务会计岗位进行精简，总账会计、费用会计、资金会计、成本会计、收入会计、供应链会计等会计岗位都会被适当裁减，只保留个别基础工作岗位和管理会计岗位、财务总监岗位、会计机构负责人岗位。对于母子公司而言，保留财务部门，但是内设岗位可以根据业务需求大幅缩减，对于不相容和职位分离的岗位统一由人工加智能的方式合理设置会计岗位，高速开展会计核算业务。这一方面使市场上的会计岗位总数逐步减少，另一方面使企业集团内部自设的会计岗位逐步减少。

第三，高水平专业财务管理人才紧缺。人工智能背景下，基础核算财会人员面临着被淘汰的危机，这些岗位和相应的工作交由机器人来完成将会更加规范和高效，同时完成的工作量也会更大。这使财会人员的日常工作量减少，工作压力得到缓解，财会人员可以有更多的时间和精

力从事与战略管理和管理会计相关的工作，为企业快速发展贡献智慧和力量。当更多的基础性财务会计工作、审计工作被人工智能财务机器人取代后，企业对高水平的财务管理人员需求将更加迫切，尤其是能够掌握新的财务管理理念、财务管理技能的高精尖人才。

第四，具有国际知识和视野的财会人员缺口较大。当前，我国一些大中型企业、科技型中小企业、文化创新企业开始走出国门，与全球大多数国家和地区进行业务往来，这就需要这些企业外派的财会人员和企业财务总监、会计主管以及聘请的财务顾问等工作人员具有开阔的国际视野，了解和掌握派驻机构和海外分公司所在地的政治、经济、科技政策、法律法规、税收政策、会计准则、会计利润核算方式等知识，对海外机构和海外分公司的利润分配、投资收益划转等政策能够知晓并统筹规划，避免因不了解当地法律法规和政府部门出台的政策规定而受到经济处罚，给企业发展带来损失或使企业错过发展良机。

2. 企业对财会人员工作胜任能力的要求越来越高

第一，当前财会人员的人际沟通能力难以满足人工智能时代财务管理需求。部分财会人员由于过度关注财务数据，忽视了与人沟通的重要性。工作过程中不重视人际关系培养，不能积极地与人进行沟通交流，发挥工作主动性和积极性。在人工智能背景下，基础财务工作都由智能机器人替代完成，企业财会人员需要处理的事务往往是综合协调性的、系统维护性的，如设置参数、风险点以及防控措施录入等，这些工作往往都需要其他部门门的协作配合，这就需要财会人员具备良好的协调沟通能力。

第二，当前财会人员的专业技能难以满足人工智能时代财务管理需求。我国财会人员的从业人员数量过多，从业人员文化水平不一，对财务管理专业知识的掌握程度不尽相同，个人综合素质也参差不齐。有的财会人员具有注册会计师、注册税务师或国际公认的注册会计师资格，有的财会人员拥有中高级职称，有的财会人员仅仅有会计从业资格证，甚至一些企业的财会人员从事会计工作多年但是至今还未取得会计从业资格证。一些财会人员接受了系统的本科、硕士会计学、财务管理相关知识教育，一些财会人员接受了大专、成人本科财会专业教育，一些财会人员系统地自学了财务会计相关知识和课程，也参加了很多培训机构的专业化辅导培训，这些从业人员往往能够很好地完成自己的本职工作。但是，还有一部分财会人员没有接受过专业的系统教育和培训，了解和掌握的财会知识零星琐碎，对财务管理、管理会计的相关内容一知半解。人工智能时代，基础会计工作不再需要一般会计人员来完成，这就需要会计人员掌握系统的财务会计知识，对会计核算、凭证、账簿、报表之间的逻辑关系，以及会计处理的特殊情况、财务风险的识别与防范、会计不相容岗位的设置及权力制衡等都有一个正确而精准的认识，但国内大多数中小企业，尤其是一些小微企业的财会人员的专业技能显然难以满足人工智能时代财务管理的需求。

第三，当前财会人员所掌握的知识面有待拓宽，难以满足人工智能时代财务管理需求。人工智能时代，财会人员不单单是处理会计业务、维护系统、指导智能机器人按照预定的流程和规范开展工作，更重要的是积极沟通其他部门积极配合智能机器人完成相关工作，并为其提供必要的财务数据等基础数据。财会人员需要综合考虑单位的基本情况、发展战略及对外投资、生产运营等一系列规划，全面管控和及时调整企业的资金使用及成本费用控制情况，进行财务风险识别、有效预防并采取有效的应对策略。① 要做到轻松自如地应对人工智能时代的财务工作，就需要财会人员掌握一定的企业管理、市场营销、对外投资、战略规划、品牌建设等相关知识，提高自身的综合业务素质，拓宽自身的知识面，在专业知识的广度和深度方面下功夫，以精准多元化的专业技能满足人工智能时代财务管理的需求。

第四，当前财会人员独立分析能力和风险管控意识难以满足人工智能时代财务管理需求。在人工智能时代，财会人员需要掌握相关的业务知识，也需要具备一定的独立分析能力。随着财务岗位和财会人员的一再精简，以前需要几个人共同完成的基础性工作全部交给财务机器人，填制报表、调整会计利润并申报缴税等工作依靠财务机器人同样也可以完成。财会人员需要做的就是分析问题、查找原因，进行纠偏和优化流程，调整核算、统计和对比分析财务数据变化情况，并及时建议企业管理部门对企业生产运营做出战略调整，以求取得更好的发展业绩。而所有

① 陈琳雪.人工智能背景下财务人员转型探讨[J].合作经济与科技，2022（9）：110.

这些都离不开财会人员独立分析、解决问题的能力，也离不开财会人员的风险管控意识、风险识别和防控能力。当前，有些财会人员缺少独立分析能力和风险管控意识，只对数据进行整理统计，不了解数据背后的信息，不能通过独立分析将数据转化为对企业有用的经营决策。在人工智能时代，信息安全性备受关注，有些财会人员缺少以审计的视角透视企业风险的能力，风险管控的意识有待提高。这些都与人工智能时代的财务管理现实需要相违背，也与人工智能时代的财会人员职业规划与职业发展相悖。

3. 企业对财会人员需求类型发生变化

第一，需要财会人员具备投融资相关经验。企业在迅速发展过程中需要财会人员具备一定的投融资经验，帮助企业进行理财规划和投融资管理，以实现企业资产的保值和升值。大部分财会人员对证券金融、内部控制、经济热点等的重视程度有待提高，投融资经验有待提高。因此，具有投融资相关经验的财务人才紧缺。

第二，需要财会人员具备创业思维。在一定程度上，财会工作和管理工作是具有一定的相似性和互通性的。一般来说，能够胜任财会工作的人会具备一定的管理能力。财会工作在企业中是不可或缺的，很多现代企业家都注重在财会方面的知识积累，但部分财会人员过多地关注数据，思维模式较为固定，还缺少一定的创业思维。

第三，需要财会人员具备企业运营管理经验。财会人员是企业的核心人员，企业发展过程中需要财会人员的全程参与。财会人员可以利用自身丰富的财务知识以及法律知识等，对企业及市场情况进行分析，帮助管理者和决策者更好地完成管理和决策工作，促进企业发展。有些财会人员过多关注财务数据，对运营管理相关知识的积累较少。

第四，需要财会人员熟悉人工智能技术。目前，人工智能带来了新的挑战，会计工作不再是一成不变的。有些财会人员只专注财务专业知识的积累，计算机及人工智能相关的知识还有所欠缺。因此，将财务专业知识与人工智能技术相结合，辅助人工智能系统的开发和升级是很有必要的。

第五，需要财会人员具有跨领域工作经验。有些财会人员受到专业、性格、思维模式等影响，对企业宏观经济背景、国家政策等的关注有待提高。有些财会人员对计算机知识、宏观经济学、金融学、市场营销学等相关领域的研究较少，在跨领域横向转型中工作经验有待积累，选择面比较窄。

（二）财务人员的转型方向

1.财务人员应向"成本控制与内部控制人员"转型

随着大数据时代的到来与不断发展，企业管理会计逐渐彰显出其重要性。因此，在大数据时代下，企业的财务人员应积极调整思路，逐渐向管理会计的方向转型。对于企业来说，随着市场经济的不断发展与完善，在微利时代，成本的高低将成为企业获利的关键性因素。在大数据时代，专业的成本分析与控制人员不仅要具备丰富的、扎实的财务专业知识，还必须对企业的各项生产工艺流程、生产环节、企业的内控流程等进行了解与高度关注，并在成本控制系统的帮助下，充分挖掘相关成本数据，对成本数据进行合理的分配、归集、构成分析等，从而为企业成本的有效控制奠定基础，为企业的决策提供帮助。

2.财务人员应向"全面预算人员"转型

现代企业进行的管理基本都是事后管理，越来越多的企业采用 ERP 系统对企业数据进行整合，通过对数据穿透查询，结合企业的预测目标，将企业事后管理逐步变成事前控制。用信息化手段进行事前控制、预测等对企业管理十分重要。在大数据时代，预算作为财务管理的核心，要求企业参与预算的财务人员站在企业战略规划的高度，对企业的战略规划目标进行层层分解，直至最后的预算分析报告的编制、预算绩效考核，以及预算对未来目标与战略的影响与规划，使预算真正发挥其职能作用。因此，大数据时代需要企业的财务人员向全面预算人员转型。

3.财务人员应向"专业财务分析人员"转型

企业的财务人员必须具备专业的分析技能，能够从海量的数据中挖掘出对企业有价值的信息；同时，企业的财会人员还应该在数据分析过程中更加全面地了解企业的发展现状与存在的问题，及时对企业的财务状况、经营成果进行评价，为提高企业的经营管理效率提供更有价值的分析。因此，大数据时代的企业财务人员应积极向专业财务分析人员转型。

4. 财务人员应向"风险管理人员"转型

风险管理主要是企业从战略制定到日常经营过程中对待风险的一系列信念与态度，目的是确定可能影响企业的潜在事项并进行管理，为实现企业的目标提供合理的保证。实践证明，内部控制的有效实施有赖于风险管理，战略型财务人员需将企业的风险影响控制在可接受的范围内，以此来促进企业的可持续发展。因此，在大数据时代，企业的财务人员应向风险管理人员转型。

5. 财务人员应向"技术型财务人员、战略型财务人员"转型

财务共享中心的人员是财务人员在大数据时代转型的另一个方向。在财务共享中心中，应有设计好的专业的标准与流程。例如，应收应付款项、费用报销、明细账的管理、总账及各种财务报销、资金的管理、税务的合理筹划等。这一职能对财务人员的要求并不高，只要具有一定的财务基础知识、英语基础知识、计算机基础知识，并经过一定的培训即可转型上岗，对于那些处于初级阶段的财务人员来说是一个较好的工作选择。在经过一段时间的熟悉以后，便可以向更高级的技术型财务人员、战略型财务人员转型。

在财务共享管理模式下，业务转型定位将财务人员分为共享财务、业务财务、战略财务三类。其中，高端财务岗位的需求将会增加，对从业人员的学历、经验、技能要求也会更高更全面。相反，财务的一般岗位对财务人员的技能要求不高，一些工作完全可以用自动化技术或人工智能代替，导致基础财务人员将会被大幅度裁员，尤其是企业内部同质化的岗位将被"共享"掉，整体财务岗位缩编。

普通的财务人员应转型为共享财务人员，其人数约占缩编后财务人员总体比重的30%。普通财务人员是指那些学历层次相对不高、年龄不大，掌握新技能、学习新知识的能力较强，同时又具备财务会计实务操作经验的工作人员。这些财务人员长期在一线从事财务基础工作，在原始单据审核、凭证录入、交易结算等方面积累了丰富的实战经验，可通过选拔、培训后到财务共享中心从事财务会计工作。但是，现实中由于国内的整体教育环境，本科学历人才的供给成本已经大幅度降低，并且呈现出供大于求的长期趋势，本科学历的员工会成为共享财务中心高性价比的首选人才。

优秀的财务人员转型为业务财务人员，其人数应占缩编后财务人员总体比重的50%。优秀的财务人员指学历教育层次较高，专业知识系统和实操经验丰富的工作人员。他们应该深入业务前端，针对企业研发、供应、生产、营销等各个环节进行财务分析、预测、规划、控制、激励、考核等，加快财务与业务的融合，积极参与公司价值链各环节的价值创造，即完成财务与业务的各个层级的融合，能把财务数据转化为信息，并以业务语言传递给各级领导，辅助后者决策，并且可以把业务部门遇到的困难及时反馈到财务部门。

卓越的财务人员应转型为战略财务人员，他们是真正的财务精英，应占缩编后财务人员总体的20%左右。卓越的财务人员指学历层次很高（至少财经专业本科以上毕业生），管理知识储备深厚，既掌握财务会计实务，又懂得战略规划，对财务管理及其他经济领域业务也有深入研究，精于预算管理、绩效评价、风险管理、内部控制、资本运作、纳税筹划等的工作人员，他们可作为战略财务培养。战略财务不仅相当于企业总部的参谋，还是管理者进行战略决策时的重要伙伴，是全面预算与绩效管理的设计师，是制定和实施组织战略的专家。

（三）智能财务下财务人员基础能力框架

1.战略财务基础能力框架

（1）战略与业务。作为CFO，需要有非常宽阔的知识面，但最重要的并不是专业知识，而是对公司战略和业务的理解及把控。该能力决定了CFO是否能够真正成为一个经营团队的合格管理者，而不仅仅是一个财务工作者。

核心技能：战略解读；财务与战略配合；公司资源及计划的管理参与；财务资源配置管理；与业务单元的沟通。

（2）财会控制机制。作为CFO，需要在企业内部建立完善的财务、内部控制和内部审计体系，以确保会计风险的可控性；也有一些公司是由首席风险官负责这部分职能的。

核心技能：财务及会计制度管理；内部控制；内部审计与稽核。

（3）价值管理。价值管理是CFO的高阶技能，需要从多方面主动管理以提升公司的价值，并最终在股价上有所体现，满足公司股东的投资回报诉求。

核心技能：产权管理；营运资本管理；现金流量管理；经济附加值管理；新业务价值管理；并购价值管理。

（4）经营分析与绩效管理。经营分析与绩效管理是 CFO 在公司经营管理方面体现自身核心价值的重要内容，好的 CFO 是公司持续前进的一个重要推动器。通过 KPI 的设定，以及持续的考核跟踪、深度的经营与数字探究，能够给企业的发展注入强大的活力。

核心技能：KPI 体系搭建；经营分析报告；绩效考核制度搭建及奖惩执行；投入产出管理；市场对标管理；重大关键项目管理。

（5）全面预算管理。全面预算管理是 CFO 在资源配置方面配合企业战略落地的重要工作。凡事预则立，不预则废，CFO 正是承担起这项职能的重要角色。当然，全面预算管理并不仅仅是财务的事情，但是作为CFO 去承担牵头职能还是必需的。

核心技能：经营计划管理；预算编制管理；预算执行与控制管理；预算分析；预算组织管理；预算流程管理；预算系统管理。

2.专业财务基础能力框架

（1）会计与报告管理。作为 CFO，会计与报告是不可缺失的基本技能。当然，CFO 可以请会计专业人士和会计师事务所代劳，但无论如何是绕不开这项技能的，也就是说 CEO 必须懂会计。

核心技能：会计交易处理及相关流程；往来管理、关联交易管理等会计管理；会计报告及合并；会计信息系统，如核算系统、合并系统等；信息披露；审计流程及管理。

（2）税务管理。税务管理是 CFO 的传统工作领域，无论在世界上的哪个国家，CFO 都是绕不开税务工作的。而在中国，税务又有着自己的特点，CFO 需要将税务管理当成一项既严肃又充满艺术性的工作来对待。

核心技能：税务政策研究；税务关系管理；税务检查配合与风险防范；税务数据管理；税务系统管理；营改增及电子发票 / 特定时期的特殊事项。

（3）资金管理。资金管理是 CFO 工作中的重要一环，也是对一个称职 CFO 的基本要求。从分类上说，资金管理是专业财务的一个构成领域，具有一定的技术性，如果没有从事过这个领域的工作，要覆盖这部分专业知识是有一定难度的。

核心技能：资金收付管理；资金计划管理；债券融资管理；混合融资管理；股权融资管理；司库管理；外汇管理；银行关系管理；资金系统管理；流动性管理；投资管理。

（4）合规管理。合规管理对于很多监管行业非常重要，监管机构有金融行业的银保监会、人民银行以及上市公司的证监会等。作为CFO，需要很好地把握监管政策，以避免因合规问题给公司带来损失。

核心技能：监管政策研究；监管沟通及检查应对；监管信息报送；违规风险管理及违规后危机管理。

（5）管理会计。管理会计是当下各大CFO面对的既久远又新鲜的课题。国内正在掀起一波管理会计体系建设的热潮，CFO不可免俗，必须要懂管理会计。

核心技能：维度体系搭建；收入分成管理；成本分摊；多维度盈利分析；作业成本管理；资金转移定价（FTP）管理；风险成本和资本成本管理；管理会计数据应用（定价、精准营销等）；管理会计系统。

（6）成本管理。成本管理单独拿出来说，是因为它对于每个企业来说都是十分重要的一项内容。对于CFO来说，要开源节流，其中的节流就要靠成本管控。甚至对于一些企业来说，成本管理是其生存的核心战略和命脉。

核心技能：成本战略体系设计；基于价值链的全成本管理；费用的前置管控；成本文化建设；最佳成本实践的形成和推广。

（7）财务风险管理。广义的风险管理领域是首席风险官的管理职责，但在财务领域，CFO应该对财务相关风险予以高度关注，并实施有效的管理。CFO力求创造价值，但必须牢记，风险是底线，控制好财务风险是一个好CFO的必修课。

核心技能：财务操作风险管理；财务风险意识及管理文化建设；RCSA风险控制与自我评价工具的财务应用；KRI关键风险指标体系的财务领域搭建；重大风险事件监控。

3.业务财务基础能力框架

（1）产品财务管理。产品财务是业务财务中向产品事业部提供财务专业服务的队伍，CFO需要基于产品财务队伍，加强对以产品规划、产品研发为核心的产品全生命周期的财务管理。

核心技能：产品规划及投资财务管理；产品研发财务管理；产品周转资金管理；产品质量成本管理；产品最佳财务实践管理。

（2）营销财务管理。营销财务是财务队伍中服务于营销或销售事业部的业务财务队伍。CFO需要通过营销财务开展对营销、销售过程的财务管理，如合同商务管理、客户相关财务管理、销售费用管理等工作。

核心技能：商务合同财务管理；营销及销售费用管理；客户信用及风险管理；竞争对手财务及经营信息管理。

（3）供应链财务管理。供应链财务主要为企业经营中供应链相关环节提供业务财务支持。CFO需要借助供应链财务实现对采购、生产、配送等相关业务环节的财务管理。

核心技能：采购财务管理；生产财务管理；库存控制管理；配送物流财务管理；分销财务管理。

（4）项目财务管理。除了以价值链划分的业务财务之外，CFO还需要关注另一个业务财务维度，即项目维度。项目财务是从另一个视角与产品、销售、供应链财务进行矩阵式协同的业务财务职能。

核心技能：研发项目财务管理；市场推动项目财务管理；售前/销售项目财务管理；工程项目财务管理；实施交付项目财务管理；管理支持项目财务管理。

（5）海外财务管理。对于开拓海外市场的企业来说，CFO还需要高度关注海外财务管理工作，特别是在新进入一个国家时，海外财务的支持能力显得尤为重要。

核心技能：国家财税政策管理；海外机构综合财务管理。

（6）业财一体化管理。CFO需要始终保持对业务财务一体化的关注度和警惕性，通过加强业务财务一体化管理，实现有效的业务与财务核对管理，提升业务与财务的一致性水平。

核心技能：业财一致的制度及流程管理；业财对账管理；业财一致性系统管理。

4.财务共享服务基础能力框架

（1）财务共享服务中心设立管理。财务共享服务在中国的发展已经超过了十个年头，如今大中型企业已普遍将财务共享服务中心作为标配。因此，作为 CFO，需要对财务共享服务的模式有所了解，从而有效地开展建设。

核心技能：财务共享服务中心立项；财务共享服务中心战略规划；财务共享服务中心建设方案设计；财务共享服务中心实施；财务共享服务中心业务移管。

（2）财务共享服务中心组织与人员管理。财务共享服务中心是一种基于大规模生产的运营管理模式，这种模式对组织和人员管理都有较高的要求，CFO 应当关注财务共享服务中心的组织效率和人员的稳定性与成长性。[①]

核心技能：财务共享服务中心组织职责管理；财务共享服务中心岗位及架构；财务共享服务中心人员招聘；财务共享服务中心人员培训及发展；财务共享服务中心人员考核；财务共享服务中心人员保留。

（3）财务共享服务中心流程管理。流程管理是财务共享服务管理的精髓，CFO 应当关注财务共享服务中心端到端的流程体系建设及流程维护、持续优化，以提高流程效率，降低流程成本。

核心技能：财务共享服务中心流程体系定义；财务共享服务中心标准化流程设计；财务共享服务中心标准化流程维护和执行监控；财务共享服务中心流程持续改进。

（4）财务共享服务中心运营管理。财务共享服务中心需要有效地运营以创造价值，CFO 需要对运营管理中的核心职能予以关注。

核心技能：财务共享服务中心绩效管理；财务共享准入管理；财务共享服务水平协议（SLA）及定价管理；财务共享人员管理；财务共享风险与质量管理；财务共享"服务"管理；财务共享信息系统管理。

5.财务通用支持基础能力框架

（1）财务组织、人员管理。作为 CFO，建设财务组织、培养财务队伍是责无旁贷的。因此，人力资源管理理论在财务领域的应用也是 CFO 需要掌握的。一个管理不好组织、团队和人员的 CFO，必然是一个不称职的 CFO。

---

① 罗爱华，郑志远.财务人员在数字化转型的应对之道[J].财会学习,2022(8):9-12.

核心技能：财务的分层治理机制；财务组织架构及岗位设计；财务团队及干部管理；财务人员绩效管理；财务培训及知识管理。

（2）财务信息化及智能化管理。对于 CFO 来说，财务信息化和智能化管理已经是不可或缺的技能。财务的大量工作都是建立在信息系统基础之上的，因此 CFO 懂一些信息系统知识是十分必要的。而在未来，财务的大量工作还会进一步被信息系统所取代。可以说，不懂信息系统相关知识的 CFO 在未来根本无法生存。

核心技能：财务信息化团队建设；财务产品设计及系统架构；财务与 IT 之间的沟通管理；财务大数据技术；财务自动化及智能化技术。

二、财务智能化团队的构建

在智能时代，增强财务复杂设计能力的核心在于财务智能化团队的建立。财务智能化团队是存在于企业财务组织内部，基于智能化理念、人工智能理论和方法及创新思维，推动财务组织中其他职能使用智能化工具提高效率、质量或者用人工智能取代人工作业的组织。

（一）财务智能化团队的特点

财务智能化团队的成员需要有怎样的素质特征呢？从定义来看，这个团队生来就和其他团队不一样，担负着武装群众或者解放群众的历史重任。因此，这样的团队必须要具备一些独特性。

1.游走在财务与科技之间

对于财务智能化团队来说，其需要具备复合的知识体系。一方面，需要具有丰富的财务管理知识，具备管理者的战略视角，能够从全局对财务管理的工作模式和业务流程做出深入思考；另一方面，需要对智能化技术有充分的认识，清晰地认识到智能技术能够做到什么，以及如何与财务管理的场景相结合。同时，类似于现在财务信息化团队中业务需求分析人员的工作，财务智能化团队同样需要具备将业务需求转换为智能化技术实现方案的能力。

2.创新是一种本能

智能时代新技术层出不穷，如何将这些新技术与财务管理的场景进行关联成为关键问题。很多时候，人们知道新技术是什么，也知道财务管理在做什么，但就是说不清楚新技术能够帮助财务管理做到什么。就像云计算、大数据、区块链等，太多的人在讲它们有多么好，但就是很难讲清楚财务可以用它们来干什么。这个问题的背后缺少的就是创新。因此，对于财务智能化团队来说，创新要成为其工作和生活中融入的本能。只有这样，才能够敏锐地洞察智能时代财务创新的机会。

3. 胆大心细

无论是让人们接受新的技术工具，还是让人工智能替代人工作业，背后都需要强大的魄力和推动力。财务智能化团队的成员需要胆大心细，敢于挑战权威和惯性，同时需要懂得沟通协调的艺术，能够在变革的过程中获得各利益相关方的认可，从而形成推动力。

4. 人少精干有柔情

财务智能化团队的人数并不需要很多，对于整个财务组织来说，这个团队一定是一个小众群体，它将是一把利剑。每个成员都要能够保持充分的活跃度和能动性，同时整个组织需要具有高度的柔性，能够随时拆分或组合，既可以随时投入微创新中，也可以随时投入攻坚战中。也就是说，财务智能化团队是一支富有变化性和战斗力的队伍，是未来财务组织中的特战队。

综上所述，财务智能化团队需要具有财务和技术复合知识、敢创新、能推动、善变化、有战斗力的财务人。

（二）财务智能化团队的组织设计

1. 财务智能化团队的核心职责

财务智能化团队的核心职责主要有四点：第一，负责财务组织对智能化技术的战略性研究，能够积极主动地跟踪新技术动态，深入挖掘财务管理领域应用新兴智能化技术的可行场景，并制定实现路径；第二，能够有效地与 IT 部门对接，明确智能化应用场景的业务需求，推进并跟踪 IT 部门实现智能化业务需求；第三，推动已实现的智能化技术工具在财务管理实际工作中的应用，提升相关场景业务团队的工作效能；第四，积极推动人工智能技术对财务业务流程中人工作业环节的替代，提升流程的自动化处理能力。

2. 财务智能化团队的管控关系

财务智能化团队是财务组织内设机构，鉴于其在组织中需要有多方面的沟通协调能力及极强的推动要求，可以考虑将该团队的直接汇报对象设定为 CFO 或分管信息化建设的财务总经理。同时，赋予该团队较强的组织协调权力，以支持其推动变革项目，如对项目资源进行调动的权力、对项目参与方进行考核的权力等。另外，财务智能化团队也需要和外围各方财务组织及科技部门保持紧密的协作关系。

3. 财务智能化团队的组织架构

作为一个柔性组织，财务智能化团队只需要有一个负责人和多个智能化财务经理，如图 5-5 所示。每个智能化财务经理都可以成为项目负责人或者其他项目的成员，但团队应当遵循项目经理负责制，赋予项目经理充分的资源调配权和项目管理权。而整个团队的负责人需要负责团队整体的方向和人员管理，能够对每个项目起到有效的辅导和监督作用。

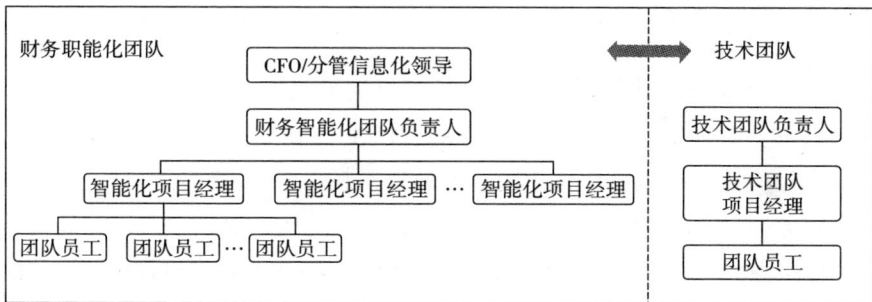

图 5-5　财务智能化团队组织与管控

在明确了组织设计内容后，财务智能化团队的建设方向会逐渐清晰起来。作为一个有前瞻性思想的财务领导者，应当尽早启动对新技术的关注，以技术驱动财务管理升级。因此，能够较早地在财务组织内部设立财务智能化团队，将会是很好的起点。随后，需要积极地引入富有创造力和综合能力的优秀人才，逐渐使团队的构建丰满起来。财务智能化团队的建立会比其他财务组织的构建更富有挑战性，用有开拓性的领导力集聚创新技术人才，是团队成功构建的关键。

第三节　智能财务共享中心的运营与管理

一、智能财务共享中心的制度管理

（一）业务流程管理制度

1.业务标准制定

建设业务标准的目的是通过行政指令在集团内统一各类管理制度、管理规范，通过流程再造统一各级审批流，最大限额地减少个性化设计，消除主观因素和人为臆断，提高工作质量。业务标准化提高了财务共享中心的内部工作效率和质量，推进了前端业务规范化，提升了专业服务水平。业务标准化使财务共享业务从无序到有序，是一个质的转变。只有定出标准化这一步后，才能真正踏上财务共享服务道路，这就需要建立一套可持续的优化流程机制。

2.流程标准制定

集团企业不同部门、客户、人员和供应商之间都是靠流程来进行协同运作的。各业务在流转过程中可能会产生相应实物流、资金流、信息流，一旦流转不畅就会导致集团企业运作不畅。

财务共享中心建设的一项重要工作是不断分析、鉴别、改进、优化现有业务流程，使流程真正做到最优化。在财务共享中心建设过程中，流程标准化和科学化是财务共享得以高效运作的基础，也是实现信息化的前提。

财务共享中心的流程设计主要依据流程框架进行逐层分解和设计。财务共享中心作为一个独立运营实体，其设计框架一般分为流程地图、流程区域、流程场景及流程。流程地图为最高层次的流程场景，可以涵盖财务共享中心所有流程范围；流程区域在流程地图基础上按照流程特性进行划分、汇总和分级；流程场景勾勒出流程区域中流程起始和结束的状态，以及与其他流程的接口关系；而流程则是最小单元，是对流程过程更加详细的展开。

3.财务共享服务流程范围

财务共享服务流程地图中的核心流程主要是指财务核算业务。财务共享中心的流程设计应针对核心流程区域逐一展开并进行优化和设计。

财务核心流程一般包括总账管理、应收管理、资产管理、成本管理、应付管理和资金管理等。

4. 财务共享服务流程层级

流程是有层次性的，这种层次体现在由上至下、由整体到部分、由宏观到微观、由抽象到具体的逻辑关系上。[①] 一般来说，应先建立主要流程的总体运行过程，然后对其每项活动、每种业务情况进行细化，落实业务到各个部门、岗位，建立相对独立的子流程以及为其服务的辅助流程。以财务共享中心的资产核算流程为例，资产核算流程属于一级流程，资产核算流程中所包含的固定资产核算流程属于二级流程，固定资产核算流程中更为细化的固定资产新增流程、固定资产减少流程、固定资产调拨流程、固定资产折旧流程属于资产核算流程的三级流程。

为保证财务共享中心未来流程的高效、稳定、规范运转，财务共享中心流程的设计工作应尽可能地深入到流程最小单位，从全业务场景出发，为最低层级子流程进行明细设计。

5. 财务共享服务典型流程

财务共享服务中最为普遍的流程主要包括从采购到支付（PTP）流程、从订单到收款（OTC）流程、从账务到报表（ATR）流程等。研究和了解这些典型流程，有利于在实践中更好地对其实施路程管理，提高流程运作效率和质量。

以最典型的PTP流程为例，业务过程中最重要的环节是公司和供应商业务交接。这种交接体现在两个方面：一是向公司传递供应商发票及业务信息的界面；二是财务共享中心进行支付并接受供应商查询的界面。基于这两个界面和财务共享中心内部处理过程，整个业务可以分为以下四个逻辑过程：

（1）发票信息采集。发票信息采集过程包括实物发票接受和扫描，以及在电子发票情况下采集电子发票信息。这两个步骤的主要目的在于提前现发发票中的关键信息，并将这些信息作为后期应用依据。很多财务共享中心采用条形码技术结合影响管理系统来实现对发票等票据信息的全程管理。

① 沈莉琴. 财务共享模式下的企业财务转型及企业运营风险管理与防范 [J]. 国际商务财会，2022（1）：94-96.

（2）数据及业务处理。数据处理过程主要是为了实现对采集的发票信息进行审核以及向 AP 和支付信息的转换。

（3）银行支付。支付信息得到确认后，将转换为符合网络银行接口标准的支付数据，通过网络银行或银企互联方式完成支付。

④客户服务。PTP 流程需要面对众多集团企业内外部供应商，因此财务共享中心需要提供强有力的服务支持系统，比较典型的是通过呼叫中心、财务邮箱、供应商管理系统等方式来接受内外部供应商业务咨询和单据查询。

流程是以满足集团企业环境及客户需求为目标设计的，会随着内外部环境及客户需求的变化来进行优化。流程管理是对流程持续优化的过程。流程管理要从组织实际情况出发，围绕顾客需求，以流程为基础，结合系统技术等相关应用，进行持续跟踪、反馈和优化，最终通过流程管理循环建立，提升集团企业流程绩效及竞争优势。

（二）人才管理制度

人才管理是成功建立财务共享中心的关键议题，也是中国集团企业面临的重要挑战之一。财务共享中心的优秀人才能够从烦琐、重复的工作中总结规律，用创新方法优化流程，甚至能够给业务部门提供有效发展意见。然而，如何挑选适合的人才？如何提升他们对财务共享中心的工作兴趣？如何通过集团企业文化及人才培养模式来激发员工积极性，充分发挥他们的潜力？对此，本书提出"人才管理三部曲"。

1. 人才选拔

财务共享中心是基于财务业务从事共享服务的组织，作为集团企业内包中心机构，人才选拔比服务外包集团企业更加严格。

人员选拔有两种途径，一种途径是从企业内部选拔，另一种途径是从企业外部招聘。企业选聘者应将职位分类和编制与人员选聘途径相联系，判定高素质人员来源的途径，从而根据组织发展的需要选择合适的人员。

内部选拔是从企业内部挑选合适的人员加以聘用，具体有内部提升、内部职位转换两种形式。内部选拔机制一般分为定期选拔和不定期选拔，定期选拔是根据当年集团企业战略及人力资源规划，由人力资源部统一组织实施，原则上每年度一次；不定期选拔则根据公司发展或临时重大工作需要而定，当出现职位空缺并决定采用内部竞聘时，可由用人部门提起申请，经总经理审批后交人力资源部统一组织实施。内部选拔的主要优点如下：①费用较低，手续方便；②内部人员对企业的基本情况非常熟悉，能够比较快地胜任新的工作；③内部选拔提供了企业内公平竞争的机会，有利于调动内部成员的工作积极性。

外部招聘就是根据企业制定的标准和程序从企业外部选拔符合空缺职位要求的员工。外部招聘的渠道很多，主要包括企业内员工的介绍推荐、校园招聘、通过广告公开选聘等渠道。为了保证人才选拔工作的有效性和可行性，应当采取科学的方法来组织外部招聘工作。通常采用笔试、面试、心理测试和评价中心等方法对应聘者的知识、素质、能力等方面进行选拔，判断其是否胜任其工作岗位。外部招聘的主要优点如下：①扩大了选择范围，有利于获得企业所需的一流人才；②外部招聘可以吸收外部的"新鲜血液"，产生"鲇鱼效应"，为组织发展注入新的活力，防止组织的僵化和停滞。

2. 人才培训

员工培训是员工知识管理的核心范畴，是提高员工自身素质的重要方法，目的是启发员工自我学习，加快知识资产循环周转，快速发挥效益。知识一方面来自员工的自我积累，另一方面可通过组织培训获得。

财务共享中心应针对不同群体制定不同的学习目标，并通过差异化培训方式，使员工得到学习的机会。培训分为职前培训和在职培训两种。职前培训，是指新进人员应在入职前进行财务岗位通用知识技能的培训；在职培训可以分为共同性培训和岗位培训。根据培训对象不同，共同性培训又分为管理者培训和一般人员培训。管理者培训次数不定，一般每年两次左右，培训方式主要有外出参加培训课、内部培训、自学管理书籍等；一般人员培训是对业务主任以下级别的员工进行的培训。集团企业的管理人员通过日常工作或日常接触，启发和指导下属工作方法和工作技能，激发下属工作热情，培养下属敬业、协作等品质。

3. 留住人才

共享中心人才流失率高是普遍存在的现象，如何将共享中心从基础会计处理中心转变成价值创造中心，以及如何利用互联网时代的新技术和流程优化让员工更多参与价值增值工作，从根本上调动员工积极性，是解决人才流失的关键性问题。本书认为，实行轮岗机制以及选拔输出机制可以有效激励员工，以达到留住人才的目的。

轮岗机制的原则是能者上、劣者下，优胜劣汰，增强员工危机感，推动员工工作能力快速提高，提高公司人员素质和公司发展进程，形成员工和公司共同进步的良好氛围。通过内部岗位轮换，既能缓解人员配置不足的压力，又能有效地培养出能够独当一面的复合型人才。财务共享中心的特点是标准化流程作业，工作强度大且枯燥乏味，实行轮岗制度可以有效降低员工因为工作内容重复带来的烦躁感，增强员工工作满意度。

轮岗流程依次为确定轮岗岗位范围、公布轮岗岗位、轮岗前沟通听取意见、做好轮岗岗位培训和交接、一定期间内跟踪轮岗人员工作进展程度同时予以指导、根据岗位职责和绩效指标考核评估轮岗结果。

此外，公司应就人才管理设立选拔输出机制，规范员工选拔晋升流程，鼓励员工积极上进；还应有效改进工作绩效，同时给员工提供良好的晋升和自我发展平台和空间，形成公平、公正、公开的竞争机制。

（三）文档管理制度

标准化管理贯穿于业务流程管理、培训管理、服务管理、组织管理、质量管理、绩效管理之中，起到固化流程、提升效率、树立品牌的作用。标准化管理的载体为标准化文档。管控服务型财务共享中心强调业财一体化，分类管理文档可以使公司形成大数据库，纵向对比公司各期数据，实现刚化管控。

文档管理标准包含会计档案分类、档案管理人员及其职责、会计档案交接和会计档案保管。会计档案可分为五大类：会计凭证、会计账簿、会计报告、电子档案和其他。其中，其他类包括银行存款余额调节表、银行对账单、会计保管清册、会计移交清册、合同文件、接收成员单位会计资料交接清单等；电子档案类包括核算、资金、报表等信息化系统数据，以及依据原始凭证形成的电子影像资料等。

财务共享中心设有档案管理岗，主要工作内容是负责接收共享中心扫描岗移交的会计档案，按照档案管理要求进行会计凭证打印及与实物票据匹配、顺号、装订、分册、装箱与归档管理，以及做好会计档案资料保管工作，严防会计资料毁损、散失和泄密。成员单位档案管理岗在负责以上工作内容的同时，还需配合共享中心档案管理岗检查本单位会计档案保管工作。

共享中心档案管理岗需要定期编制档案移交清单，并按照移交清单将相应原始档案移交给下属成员单位。

根据会计档案保管规定，共享中心内部人员因工作需要查阅会计档案时，必须按会计档案管理办法及时归还原处；若要查阅已入库档案，则必须办理有关借用手续。成员单位或公司内其他单位及部门若因公需查阅会计档案时，必须持有效证件并完善审批手续，经共享中心相应领导或成员单位所在地相应领导同意后，方能由档案管理人员接待查阅。

（四）现场管理制度

现场管理就是指用科学的管理制度、标准和方法对现场各生产要素（包括人工、机械、材料、方法、环境、信息等）进行合理有效的计划、组织、协调、控制和检测，使其处于良好结合状态，从而使人流、物流、信息流畅通有序。目前，现场管理最为广泛使用的是现场管理5S方法。"5S"指整理（seiri）、整顿（seiton）、清扫（seiso）、清洁（seiketsu）、素养（shitsuke）五个项目，下面进行具体介绍。

财务共享中心应设立5S管理小组，运营管理组组长为5S管理责任人且担任管理小组组长，成员2～3名，由财务共享中心各科室员工轮流担任。

5S管理小组组长的职责：负责牵头财务共享中心实施过程中的各项工作，如组织制定各项5S管理规范、奖罚制度；5S管理活动组织、策划、实施、检查、评比公布、改进等；对员工进行5S基本知识及5S规范性培训，推动5S顺利进展；其他与5S有关的活动事务。

5S管理小组组员的职责：负责具体落实5S实施过程中的各项工作，如检查、评比、督促与改善跟进等；对5S日常执行情况进行监督、检查；

提醒员工在上班期间遵守 5S 管理条例，督促员工在下班前整理好个人物品，如有违反并不听劝告者，应予以扣分并向 5S 管理小组组长汇报责任人。

（五）服务管理制度

服务管理是指对财务共享中心员工在服务效果、服务时效、服务态度等工作上管控与提升的过程。财务共享中心以服务为导向，服务的完善、改进是提升财务共享中心质量的必经之路。服务管理制度的内容主要包含客户沟通管理规范、首问责任规范、投诉处理、客户满意度调查等。

1. 客户沟通管理规范

（1）时效要求。财务共享中心服务支撑岗应重点关注时效要求，及时答复、反馈员工咨询的问题。当员工通过公共邮箱进行业务咨询时，财务共享中心服务支撑岗应在 24 小时内处理、回复邮件；对于超出解答能力需要获取相关接口人支持的，另行获取答案后再答复，也需一并遵循此时效要求。当员工通过电话进行业务咨询时，首问责任人（包括财务业务人员和服务支撑岗）在正常情况下应实时回复，对于超出解答能力需转交其他相关人员回复的问题，应该予以跟踪、关注，直到完成答复，此答复时间不得超过 24 小时。

（2）质量要求。基本要求为答复正确、内容详细、依据充分。问题答复要严格参照内控制度、报账规定、核算办法等公司规章制度所明确的相关要求进行解释。问题答复使用礼貌用语，要做到标准统一，不能出现"同一问题、不同解释"的情况。

（3）保密性要求。服务人员对于沟通过程中获取的可能涉密内容，需要遵循保密性原则，不得随意泄露。财务共享中心服务支撑岗在接受客户咨询时，应严格遵循保密要求，回复内容仅限在客户应当知晓信息范围内。

2. 首问责任规范

首问责任制是指财务共享中心处理相关业务过程中，首先收到来访、咨询或接待办事的业务处理人员对该项事项负责的机制。员工发邮件到公共邮箱询问，公共邮箱处理人为首问责任人；员工发邮件向多个财务人员询问，邮件第一个收件人为首问责任人。

首问责任人的主要职责如下：要以认真负责的态度和文明礼貌用语来接待客户咨询；尽量在自己能力范围内答复员工询问，如首问责任人不能自行答复，应积极咨询或者转由各支持接口人答复；首问责任人应跟踪员工的询问是否在 24 小时内得到反馈，并应一直跟踪直至问题关闭。

相关财务人员的主要职责如下：接到首问责任人转交的问题后，应及时进行处理，保证在规定时限内反馈答复结果，不能自行答复的重大问题，请示领导后再答复；若出现新业务，形成新流程，或者原有流程发生了变更、优化，应对财务共享中心相关人员进行及时培训；将问题答复结果通过邮箱发送给首问责任人，由首问责任人负责发送给问题咨询人。

3.投诉处理

投诉可分为以下两类：

（1）有效投诉。投诉内容详细，投诉理由充分，并经财务共享中心核查属实。

（2）无效投诉。投诉理由不充分，依据不完整，且经过财务共享中心核查确认被投诉事项与财务共享中心业务处理人员无关。

投诉处理流程说明如下：

（1）员工可通过公共邮箱或热线电话等方式进行投诉。

（2）财务共享中心服务支撑岗收到投诉后进行分析，并组织相关人员进行调查，判断是否为有效投诉及投诉等级。

（3）核查完毕后，财务共享中心服务支撑岗与被投诉人所在部门负责人共同出具调查结果和处理方案。属于被投诉人责任的，应出具对其处理方案；属于流程问题的，应反馈给相关人员，并由其出具流程优化方案。

（4）财务共享中心将调查结果和被投诉人处理方案提交财务共享中心主任审批。

（5）财务共享中心主任审批后，服务支撑岗依据审批结果对相关责任人进行考核处理。

（6）财务共享中心主任审批后，服务支撑岗将投诉结果反馈给投诉人，并与之进行沟通以取得投诉人认可与理解。

（7）处理完毕后，服务支撑岗将相关文档进行归档管理。

4.客户满意度调查

为更好地督促财务共享中心员工树立服务意识、提升服务水平，需定期进行服务评价。财务共享中心服务满意度评价可采用客户满意度调查以及投诉分析等方法对共享中心除运营管理科以外的所有作业人员的服务水平进行评价。财务共享中心的服务满意度调查主要包括五个方面：服务效果、服务时限、服务态度、沟通技巧和服务协作性。

财务共享中心应依据服务满意度调查以及投诉结果分析并诊断目前存在的主要问题，针对薄弱环节提出具体整改与提升措施，主要包括但不限于以下内容：

（1）结合满意度调查，对于员工普遍反映满意度较低的服务内容设计改进方案，对财务共享中心相关责任人组织对应培训，提升专业技能，有效改进服务效果。

（2）加强财务共享中心员工服务培训，强化员工服务意识，提升员工沟通技巧与服务能力。

（3）针对客户投诉，若被投诉人责任重大，则在绩效考核时有所体现。

（4）结合集团企业出现的新业务、新问题，对现有流程进行梳理，减少不必要的流程环节，提高财务共享中心的工作效率。

（5）进一步完善工作质量与服务标准体系，加强考核，促进服务质量提升。

二、智能财务共享中心的质量管理

（一）质量管理科学方法——PDCA 循环

PDCA 管理循环又叫"质量环"，最早由现代集团企业管理的奠基者沃特·阿曼德·休哈特在其 1931 年出版的著作《产品生产的质量经济控制》中提出。1950 年，美国著名质量管理专家——戴明博士在休哈特的质量管理模式基础上对其进行完善，之后被集团企业用于持续改善产品质量的过程中。

1.建立标准

P 即计划（plan），确定质量目标、建立质量管理体系，提升数据质量，建立以岗位质量责任制为基础的质量管控机制。

　　财务共享中心为各部门和分支机构提供费用和资产业务合规性、合法性审核服务，应该先明确所提供服务要达到的标准。服务质量标准包括及时性、正确性、灵活性。

　　（1）及时性。及时性即明确达到共享中心单据审核、支付时限，根据业务量在全年不同时间段的分布情况，指定具有弹性工作时限要求。例如，年初和年度中间单据业务量比较少，到达共享中心单据处理池中的业务处理时限可适当延长；而年末、季末业务量集中爆发时，前期单据处理及时，就不会出现影响季末、年末财务决算的情况。

　　（2）正确性。财务共享中心应时刻谨记风险控制要求，所提供的服务应遵循国家财税法规和行业内财务管理制度，确保内部财务事项管理合规、合法。要达到正确性标准，需要工作人员掌握行业内规章制度，对外部财税法规有相当了解，并时刻关注规章制度和政策环境的更新和变化。

　　（3）灵活性。财务支出必须保证对制度的遵从性，但实际中因为业务活动多样性和经营管理活动特殊性，内部财务事项也不能保证在所有方面满足标准化要求。因此，财务共享中心提供服务时，在及时性要求下，灵活性和准确性会存在一定的矛盾和冲突。在处理具体业务过程中，不能刻板地理解准确性要求，应该在综合考虑重要性和整体方向基础上灵活处理，否则财务共享中心的服务工作很可能面临投诉和用户抵制。

　　除了明确对客户的服务标准外，财务共享中心的内部团队和岗位还担负着监督检查的职责，这一职责的具体工作内容主要是开展账务核对、合规性检查工作，可以看作财务共享中心内部自行发起的对外部服务质量的自查工作，对促进服务质量管理，尤其是加强全行财务内控起着重要作用。因此，工作计划中还应明确对账检查的工作标准，参照日常单据审核作业，对工作完成时限、对账检查结果标准及汇报路径等做出明确规定，指导员工履行监督检查职责。

　　2. 过程控制

　　D 即执行（do），集团企业进行相应计划和布局后，展开具体运作执行计划的内容。

　　制定服务质量和管理计划、明确服务和管理质量标准后，需要采取科学的具体实施方法来完成计划，以达到管理标准。财务共享中心的工作内容包括面向客户的单据审核服务以及面向管理者的监督检查工作，共同目标都是为了促进质量达标、服务提升、规避风险。对于工作计划执行层面，应该考虑两种工作类别的特点具体制定明确的计划实施方案，实施方案主要对计划进行分解，明确责任界限和人员分工，同时采用科学高效的工作方法确保计划实施。

（1）工作任务分配。财务共享中心作业池可以实现与所有业务的系统集成，发挥财务共享中心的规模效应，提升工作效率，对财务共享中心接收的工作任务进行统一分配、统一调度，通过派工规则将进入财务共享中心作业池中的任务分配到不同作业岗位，并由作业人员进行处理。

财务共享中心内可以按照业务组管理共享中心人员的任务。业务组负责人通过运营管理平台进行任务查看、分配、调整、取回等操作，同时可以设置提单规则。提单规则可以按照不同业务进行设置，每种规则中都包含适用此种规则的共享中心业务组，一个业务组只能存在于一个规则中。财务共享中心用户适用的规则为用户所在业务组规则，即财务共享中心人员提单时是根据所在业务组对应约束来限制。例如，按照财务共享中心定义共享中心人员在操作平台中提取任务时的约束；单次提取任务数及在手任务最大数。

所有业务数据进入作业池中，先是作业池内部任务流转，任务池中单据通过派工规则分配到各岗位可提取范围中，各岗位组长在任务组中提取单据，然后在各小组中进行派单或者抢单。

（2）采用科学高效的工作方法。

财务共享中心员工按照岗位主要职责划分可以分为两大类：单据审核人员和综合管理人员。两类人员日常工作的侧重点不同，如何在有效的工作时间内按时保质地完成工作任务有赖于是否有科学高效的工作方法。

单据审核人员需要将80%的工作时间分配在单据审核作业中，20%的时间用于开展对账及自查等工作；综合管理人员主要是为单据审核人员提供支持、组织开展监督检查工作，同时还担负着部门内部其他综合性事务工作。总体而言，财务共享中心员工每天的工作任务并非只需要对着电脑进行单据审核，学习培训、定期对账、与客户沟通等工作同样占据员工很大一部分时间。面对庞杂的工作量以及按时保质的工作要求，应该采取恰当的工作任务管理方法，列出工作任务清单，按任务急缓、重要程度对任务进行排列。

数字编号为科学有效的工作任务处理顺序。紧急程度体现工作任务完成的时限要求，要达到"及时性"质量标准，应该先确保工作在规定时间内完成；重要程度往往体现工作任务对于维持组织正常运转的支撑性意义，重要工作往往需要花费时间和精力思考筹划，应该提前计划，做好充分准备，才能在规定时限内保质保量地完成。编号给出了财务共享中心员工工作任务的科学安排，紧急且重要的任务应该优先处理，其次是紧急但一般的事务。当这两类事务完成后，应该着手准备下一组重要工作，才能确保工作计划得到有效执行，使财务共享中心各项工作任务得以顺利完成。

3. 持续改进

持续改进共包括两个阶段，其一是监督管理；其二是总结改进。分别对应"PDCA 循环"中的"C"环节和"A"环节。

C 即检查（cheek）。按计划执行完毕后，应该对执行效果进行检查恢复，明确对错并找出执行过程中存在的问题，对计划执行结果进行总结。

根据财务共享中心岗位的工作性质，按会计核算层面和公司管控层面进行分类管控。会计核算层面，由会计复核主管、账套主管、业务组长、中心质量主管和部门主任构成。以财务共享中心内部日常检查为主，不定期专项检查为辅，配合财务部或其他业务部门到各经营单位进行各类实地专项业务检查，避免在财务共享中心实施后各经营单位经营及财务信息存在失真风险；管控层面则主要通过建立多维度风险监控、预警报表体系来实施。通过对预算均衡、收支配比、关键费用入账均衡性、重点和热点业务动态跟踪、管理制度执行风险、税务风险等方面进行分析，深度挖掘业务数据与财务数据信息，动态识别、分析隐藏在业财数据下的风险，进一步夯实系统基础信息的真实准确性。

财务共享中心有专门质检人对相关作业人员进行质量抽检，并形成质检日志，用于对员工绩效考核。

A 即纠正（action），处理"检查"阶段总结的问题，引起管理者和员工重视，同时也包括肯定成功的经验，加以固化和标准，对照最初制定的目标计划梳理解决问题和达成目标情况，没有解决的问题或未达成的目标，则提交到下一个新 PDCA 循环中，作为下一个"P"去解决。

PDCA 循环作为质量管理的基本方法，在集团企业中得到了广泛运用，而且效果显著、成本可控，所以可以将 PDCA 循环引入财务共享中心服务质量和内控管理中，从制订计划、实施计划、检查执行结果、对结果进行处理四方面入手，采用过程循环的方式逐步提高共享服务质量，加强组织内控，确保财务共享中心的成长走上一条可靠的上升之路。

（二）服务水平协议

服务水平协议（service level agreement，SLA）是在一定开销（通常这个开销是驱动提供服务质量的主要因素）下，为了保障服务性能和可靠性，服务提供商与用户间或者服务提供商之间定义的一种双方都认可的协定。

财务共享中心设立服务水平协议的目的主要是通过签订《服务水平协议》，明确财务共享中心与内部客户间（包括业务部门和财务部门）的权利以及承诺，使所有职责落实到每个具体责任人和责任实体。

与外部客户或者集团企业内部部门之间所设定的服务水平协议，能够保证财务共享中心提供的服务能达到客户和最终用户的期望。服务水平协议是服务关系管理中很重要的组成部分，是财务共享中心运作的"逻辑平台"。①

财务共享中心运作前，必须先明确客户期望值，并使其提供的服务与客户期望值之间保持一致。客户期望与需求固然重要，但是为了避免客户与财务共享中心之间存在期望差距，服务水平协议可以看作一项有效管理客户期望的实用工具。服务水平协议将定义服务范围、成本和质量，并将它们书面化。服务水平协议应被作为在组织内部对管理职责进行授权、降低成本和改进管理信息等方案的一部分来使用。

衡量一个服务水平协议的设计是否成功，应从以下几方面进行考虑：

① 王慧卿.财务共享中心构建与运营中的问题与对策[J].财会学习，2021（27）：31-33.

①是否有给予财务共享中心在管理上更多自由空间的授权框架，使得财务共享中心能够在提高效率和加快客户需求响应速度方面使用创新方法；②是否有用于资源使用和评估的信息系统，基于活动成本计算方法将更精确地获取非经营活动的真实成本；③是否涉及服务提供方和接受方有关文化上的变革方案，服务提供方需要学习如何以客户需求为导向的理念。在实际运作过程中，并不一定都以正式形式形成服务水平协议，只要上述关键内容能够达成一致即可实现预期效果。

第四节　案例分析

本节以云南烟草商业公司智能财务建设的理论研究和实践探索为例，着重阐述智能财务建设过程中的财务组织规划问题。

一、智能财务组织的整体架构

云南烟草商业公司智能财务运营管理的总体原则为"集中管控、分级负责，上下联动、协同共享"，具体体现为成立智能财务中心（intelligent finance center，IFC），集中管控智能财务工作的运营管理，二级单位财务部门做实管理、人员加强，三级单位财务部门职能缩小、人员调减。基于该原则，从财务人员长远发展和持续高效为企业创造价值考虑，云南烟草商业公司智能财务组织的整体架构如图5-6所示。纵向而言，总体上划分为省公司财务处（包括智能财务中心和省公司机关财务两部分）、二级单位财务科和三级单位财务股（室）三个智能财务组织层级；横向而言，总体上划分为财务会计、管理会计和综合管理三个智能财务工作组，以及财务专家一个智能财务工作团队。

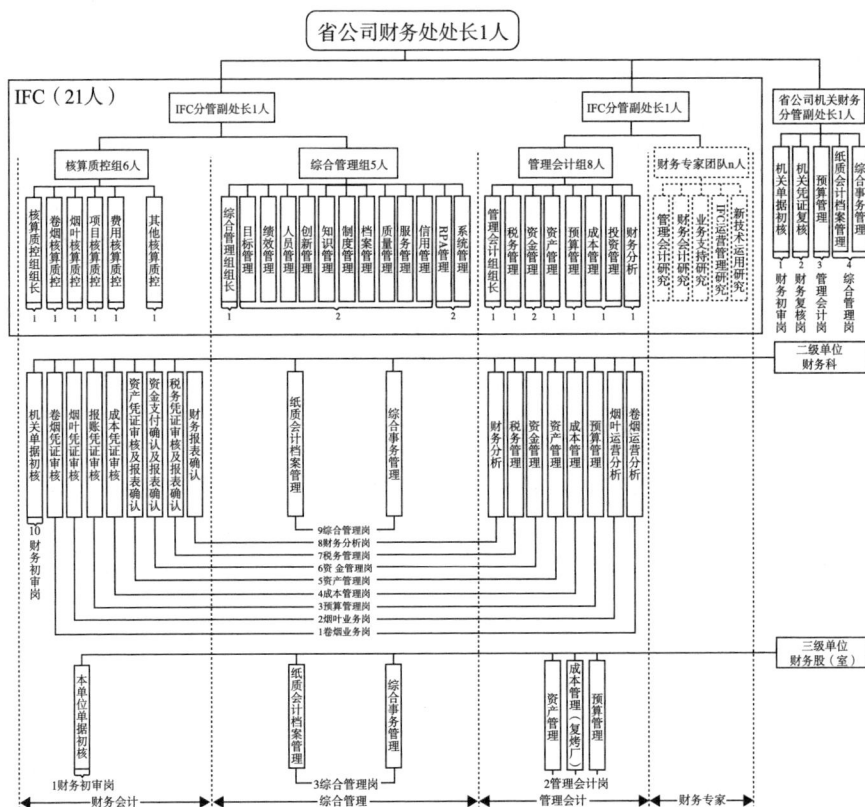

图 5-6　云南烟草商业公司智能财务组织的整体架构

二、智能财务中心的组织架构

（一）IFC 的职能定位

为将智能财务建设过程中的智能财务共享平台和新型财务管理模式有效落地，云南烟草商业将 IFC 定位为财务管控服务中心、数据处理中心、价值创造中心和人才培养中心。其中，财务管控主要体现在政策研究与制定、规则研究与制定、质量监控与跟进、管理会计落地等方面；服务主要体现在系统共享与支持、技术共享与支持、数据处理与推送、财务分析与业务支持、财务预测与决策支持、电子会计档案的保管与利用管理等方面；数据处理主要包括定时任务的自动推送、证账表的自动生成与推送、财务事项的自动处理、业财数据的多维分析与关联分析等；价值创造主要指通过规范业务管理、强化过程控制提升企业管理水平，通过服务业务经营、辅助决策支持实现财务价值增值；人才培养主要指借助智能财务建设和运营带动财务人才培养工作，通过智能财务中心的日常运营管理，着力培养具有全局视野、数据思维的精财务、懂业务、会管理、知技术的复合型人才。

（二）IFC 的行政隶属

从财务人员长远发展和持续高效地为企业创造价值考虑，可令智能财务中心直接隶属省公司财务处，即将省公司财务处直接划分为智能财务中心和省公司机关财务两个部分。

（三）IFC 的岗位设置

根据云南烟草商业公司智能财务定位，结合省公司现有财务人员配备情况，云南烟草商业公司智能财务中心的岗位设置如表 5-1 所示。

表5-1　云南烟草商业公司智能财务中心的岗位设计

组　别	岗位名称	岗位工作职责	岗位性质
核算质控组	IFC 财务会计和综合管理分管副处长	分管 IFC 核算质控组 / 分管 IFC 综合管理组	智能财务组织运营相关
	IFC 管理会计和财务专家分管副处长	分管 IFC 管理会计组 / 分管 IFC 财务专家团队	智能财务组织运营相关
	核算质控组组长	总体负责核算质控工作 / 总体负责核算质控沟通协调工作 / 兼职牵头财务会计研究工作	智能财务业务运行相关智能财务组织运营相关
	卷烟核算质控岗	负责卷烟核算政策研究 / 负责卷烟核算质量控制	智能财务业务运行相关
	烟叶核算质控岗	负责烟叶核算政策研究 / 负责烟叶核算质量控制	智能财务业务运行相关
	项目核算质控岗	负责项目核算政策研究 / 负责项目核算质量控制 / 负责资产核算政策研究 / 负责资产核算质量控制	智能财务业务运行相关
	费用核算质控岗	负责费用核算政策研究 / 负责费用核算质量控制	智能财务业务运行相关
	其他核算质控岗	负责其他核算政策研究 / 负责其他核算质量控制	智能财务业务运行相关

组 别	岗位名称	岗位工作职责	岗位性质
综合管理部	综合管理组组长	总体负责 IFC 运营管理工作 / 总体负责 IFC 运营沟通协调工作 / 兼职牵头 IFC 运营管理研究工作	智能财务业务运行相关智能财务组织运营相关
	目标管理岗	总体目标管理 / 阶段目标管理	智能财务组织运营相关
	绩效管理岗	财务初核绩效管理 / 财务复核绩效管理 /IFC 绩效管理 /IFC 人员绩效管理 /IFC 小组绩效管理	智能财务组织运营相关
	人员管理岗	IFC 岗位与编制管理 /IFC 人员配置管理 /IFC 人员成长规划 /IFC 人才培养管理	智能财务组织运营相关
	创新管理岗	IFC 创新计划管理 /IFC 创新组织管理 /IFC 创新绩效管理 /IFC 创新评估与控制管理 /IFC 创新平台管理	智能财务管理提升相关
	知识管理岗	IFC 知识规划 /IFC 知识形成管理 /IFC 知识转移管理 /IFC 知识维护管理 /IFC 知识平台管理	智能财务管理提升相关
	制度管理岗	IFC 制度的整体规划 /IFC 制度的梳理 /IFC 制度的编写组织 /IFC 制度的发布管理 /IFC 制度的持续优化	智能财务管理提升相关
	档案管理岗	会计档案管理研究 / 电子会计档案归档 / 电子会计档案保管 / 电子会计档案利用 / 电子会计档案鉴定销毁	智能财务业务运行相关
	质量管理岗	IFC 业务时效管理 /IFC 业务质量管理 /IFC 服务质量管理	智能财务业务运行相关
	服务管理岗	IFC 服务研究 / 服务管理工具 / 服务水平协议管理	智能财务业务运行相关
	信用管理岗	员工信用评价对象 / 员工信用评价指标 / 员工信用评价方法 / 员工信用评价实现方法 / 员工信用评价等级划分 / 员工信用评价结果运用	智能财务业务运行相关
	RPA 管理岗	RPA 运行监控 /RPA 异常处理 /RPA 日常维护 /RPA 开发	智能财务平台运转相关
	系统管理岗	IFC 数据标准优化研究 /IFC 信息系统优化研究 /IFC 数据质量管理 /IFC 数据安全管理 /IFC 信息系统日常运行维护管理 /IFC 信息系统变更管理 / 兼职牵头新技术运用研究工作	智能财务平台运转相关

组　别	岗位名称	岗位工作职责	岗位性质
管理会计组	管理会计组组长	总体负责管理会计工作 / 总体负责管理会计沟通协调工作 / 兼职牵头管理会计研究工作 / 兼职牵头业务支持研究工作	智能财务业务运行相关 / 智能财务组织运营相关
	税务管理岗	税收政策研究 / 涉税风险管理 / 纳税情况分析	智能财务业务运行相关
	资金管理岗	资金政策研究 / 银行账户管理 / 资金结算监控 / 资金结算异常处理 / 资金风险管理 / 资金运营监管	智能财务业务运行相关
	资产管理岗	资产管理政策研究 / 国有资产日常管理 / 资产状况分析 / 资产风险管理	智能财务业务运行相关
	预算管理岗	预算政策研究 / 全面预算管理	智能财务业务运行相关
	成本管理岗	成本政策研究 / 成本日常管理	智能财务业务运行相关
	投资管理岗	多元化投资管理 / 项目投资管理	智能财务业务运行相关
	财务分析岗	财务会计报告 / 内部管理报告 / 财务预测分析	智能财务业务运行相关
财务专家团队	财务会计研究岗	财务会计政策研究 / 财务会计制度研究 / 业务流程优化研究 / 表单附件优化研究 / 标准事项优化研究 / 核算规则优化研究 / 稽核规则优化研究	智能财务专题研究相关
	管理会计研究岗	管理会计政策研究 / 管理会计制度研究 / 税务管理专项研究 / 资金管理专项研究 / 资产管理专项研究 / 预算管理专项研究 / 成本管理专项研究 / 投资管理专项研究 / 财务分析专项研究	智能财务专题研究相关
财务专家团队	业务支持研究岗	经营活动支持研究 / 经营决策支持研究 / 战略活动支持研究 / 战略决策支持研究	智能财务专题研究相关
	IFC 运营管理研究岗	IFC 运营管理优化研究	智能财务专题研究相关
	新技术运用研究岗	新技术发展运用跟踪 / 智能化场景设计研究 / 新技术匹配运用研究	智能财务专题研究相关

根据岗位工作职责不同，云南烟草商业智能财务中心的岗位可分为五类，分别是智能财务组织运营相关的岗位、智能财务业务运行相关的

岗位、智能财务平台运转相关的岗位、智能财务管理提升相关的岗位、智能财务专题研究相关的岗位。

(四) IFC 的人员配备

根据大共享理念，限于国有企业人员定岗定编的人才管理体系，云南烟草商业应构建集约高效的财务人员管理体系。由表 5-1 可知，IFC 由核算质控组、综合管理组、管理会计组和财务专家团队四个团队组成。其中，三个小组涉及岗位编制。经测算，各小组的主要职责和人员配备建议如下：核算质控组，负责全省的核算政策研究和核算质量控制，包括组长、两烟核算质控、项目核算质控、费用核算质控和其他核算质控，共计 6 人；综合管理组，负责 IFC 的运营管理，包括组长、目标管理、绩效管理、人员管理、创新管理、知识管理、制度管理、档案管理、质量管理、服务管理、信用管理、RPA 管理和系统管理，共计 5 人；管理会计组，负责全省的管理会计工作，包括组长、税务管理、资金管理、资产管理、预算管理、成本管理、投资管理、财务分析，共计 8 人。为此，除分管副处长之外，省公司智能财务中心共计需要固定财务人员 19 名，由省公司财务处财务人员和下属单位财务人员联合组成。其中，下属单位财务人员通过选拔确定，采用"属地管理、中心兼职"的组织管理方式，以"远程办公、虚拟共享"的业务运行方式，借助智能财务会计共享平台参与 IFC 日常运营管理工作。而财务专家团队，则是云南烟草商业智能财务的智囊团，负责专项研究性工作，包括管理会计研究、财务会计研究、业务支持研究、IFC 运营管理研究和新技术运用研究等，财务专家团队均为流动兼职，不涉及岗位编制，不设人数上限。

三、属地财务部门的组织架构

(一) 属地财务的职能定位

属地财务包括云南烟草商业公司二级单位财务部门和三级单位财务部门。为将智能财务共享平台和新型财务管理模式有效落地，云南烟草商业将二级单位财务部门定位为智能财务分中心，发挥财务审核中心、数据确认中心、管理会计中心和业务支持中心的作用。其中，财务审核主要体现在单据初核、凭证审核、资金支付确认等方面，数据确认主要体现在各类财税报表确认，管理会计主要体现在预算管理、成本管理、资产管理、资金管理、税务管理和财务分析等方面，业务支持主要体现在对卷烟业务、烟叶业务等主营业务的专项分析和经营管理支持。各三级单位财务部门是其隶属二级单位财务职能的延伸，发挥本单位的财务审核职能和管理会计职能。

（二）属地财务的岗位设置

根据大共享理念，限于国有企业人员定岗定编的人才管理体系，云南烟草商业公司应构建集约高效的财务人员管理体系。由表5-1可知，属地财务工作与省公司智能财务中心的三类财务工作相对应，可分为财务会计类、管理会计类和综合管理类，在岗位设置上体现财务会计工作和管理会计工作的融合。各二级单位财务部门根据业务经营情况，可设置卷烟业务岗、烟叶业务岗、预算管理岗、成本管理岗、资产管理岗、资金管理岗、税务管理岗、财务分析岗、综合管理岗和财务初审岗，共计十类岗位。除综合管理岗和财务初审岗之外，每个岗位均同时兼任相应业务的财务会计工作和管理会计工作，在提高财务会计工作效率和工作质量的前提下，将相应管理会计工作做深做实。各三级单位财务部门是其隶属二级单位财务职能的延伸，根据业务经营情况，可设置财务初审岗、管理会计岗和综合管理岗。

（三）属地财务的人员配备

限于国有企业人员定岗定编的人才管理体系，考虑在二级单位范围内最大限度优化人力资源配置。二级单位在智能财务分中心的运营过程中，可根据需要从下属三级单位中选拔符合分中心岗位任职条件的基层财务人员，以"三级单位管理、二级分中心兼职"的组织管理方式，以及"远程办公、虚拟共享"的业务运行方式，在省公司智能财务中心的指导和监督下，开展智能财务分中心的日常运营管理工作。

四、智能财务会计共享的职责分工

(一)共享实现情况

自 2019 年 4 月起,云南烟草商业正式启动智能财务建设的理论研究和实践探索。截至 2020 年 6 月底,云南烟草商业当前已实现智能财务会计共享的建设和运营,包括会计核算的标准化、自动化和智能化(简称为"核算自动化",含自动稽核和记账凭证自动生成,其中记账凭证自动生成包括凭证要素、辅助核算和核算附件的自动生成),会计报表生成的自动化(含单体报表和合并报表),资金结算的集中化和自动化,税务计算和申报的自动化,会计档案管理的电子化、自动化和无纸化,以及预算控制的业务化、前置化和自动化。

(二)职责分工概况

就智能财务会计的共享而言,云南烟草商业三级财务组织的职责分工如下:

省公司财务处(智能财务中心)主管云南烟草商业智能财务会计共享工作,主要职责包括:集中管理智能财务会计共享相关的政策、制度、规则、流程、标准、系统等;指导和监督各单位开展智能财务会计共享工作;集中管控全省烟草商业智能财务会计共享相关的风险;通过智能财务会计共享平台,提供标准化、集中化、自动化、智能化的财务会计共享服务。

各单位财务部门主管本单位智能财务会计共享工作,主要职责包括严格执行财务会计相关法律法规、制度及《云南烟草商业智能财务会计共享运营管理办法》(以下简称"运营管理办法")的规定和要求,加强财务会计基础工作,保证会计信息质量,提高财务会计工作的及时性、准确性和规范性;严格执行运营管理办法的规定和要求,在省公司智能财务中心的指导和监督下,规范运用智能财务会计共享平台,规范开展智能财务会计共享工作。

尽管在智能财务组织重构的过程中,对三级财务组织的财务会计工作职责进行了重新划分，但各单位的财务会计主体责任不变，即各二级单位落实法人主体责任，对本单位财务会计工作负责；各三级单位对本级财务会计工作负责；各单位内部资产所有权、资金审批权、交易控制权不变；各单位负责人对本单位的财务会计工作和财务会计资料的真实性、完整性负责，对本单位的财务会计基础工作负有领导责任；各单位财务部门负责人是各单位财务工作主要负责人。

（三）职责分工明细

基于上述智能财务会计共享的分工原则和分工思路，云南烟草商业智能财务会计共享的职责分工明细如表5-2所示。

表5-2　云南烟草商业公司智能财务会计共享的职责分工

业务类型	IFC 职责	属地公司职责
费用报销业务	IFC 对员工个人信用进行管理，区分业务员和报账员	属地公司报账人员在平台发起报账，并对报账业务进行初核和复核，对业务和票据的真实性、合法性和合规性负责
预算控制	IFC 对项目类预算进行单项刚性控制；IFC 对费用类预算进行总额柔性控制	—
资金结算业务	IFC 统一按指定要求结算；IFC 对资金结算进行监控和异常处理	属地公司在平台中完成审批，自行负责付款业务真实性、合法性及准确性；指定付款时间等
资产核算业务	IFC 统一进行折旧计提	属地公司折旧计提发起
成本核算业务	IFC 负责成本核算质量监控	属地公司负责本公司成本计算
会计核算业务	IFC 统一自动生成记账凭证（含凭证要素、辅助核算和核算附件）	属地公司财务部负责各项业务的会计初核和复核工作
会计稽核业务	IFC 负责三类自动稽核（票据稽核＋业务稽核＋记账凭证稽核）；IFC 负责业务核查（大额资金、特殊事项全面查，易出错业务重点查，其他业务随机查）	属地公司自行负责各业务的会计稽核，包括初核和复核（包括会计凭证要素正确性，会计辅助核算正确性，表单附件完整性、真实性和合法合规性等）

业务类型	IFC 职责	属地公司职责
会计报表业务	IFC 自动生成推送对外会计报表（法定会计报表、报送总局会计报表）；IFC 自动生成推送内部会计报表（省公司及下属单位）；IFC 自动生成推送财务分析报表（税利 / 预算 / 资金收益等）	属地公司填写调整事项（对于年度法定合并报表）/ 确认生成的报表（对于年度法定单体报表和合并报表）/ 使用生成的报表
税务申报业务	IFC 自动核算税金，自动生成纳税申报表	属地公司负责审核确认后，自动提交纳税申报（实现方式为数据交换或 RPA）
会计档案管理	IFC 统一负责电子会计档案归档、保管、利用和鉴定销毁	属地公司统一负责纸质会计档案归档、保管、利用和鉴定销毁；省公司机关纸质会计档案管理，视同州市公司机关

参考文献

[1] 张一兰. 智能财务时代 [M]. 长春：吉林大学出版社，2020.

[2] 刘勤，吴忠生. 智能财务研究蓝皮书 [M]. 上海：立信会计出版社，2020.

[3] 祝泽文. Power BI 智能财务应用与实战从新手到高手 [M]. 北京：中国铁道出版社，2020.

[4] 韩军喜，吴复晓，赫丛喜. 智能化财务管理与经济发展 [M]. 长春：吉林人民出版社，2021.

[5] 刘赛，刘小海. 智能时代财务管理转型研究 [M]. 长春：吉林人民出版社，2020.

[6] 滕晓东，宋国荣. 智能财务决策 [M]. 北京：高等教育出版社，2021.

[7] 石贵泉，宋国荣. 智能财务共享 [M]. 北京：高等教育出版社，2021.

[8] 南京大学智能财务研究课题组. 智能财务教程 [M]. 南京：南京大学出版社，2019.

[9] 吴践志，刘勤. 智能财务及其建设研究 [M]. 上海：立信会计出版社，2020.

[10] 刘勤，尚惠红. 智能财务：打造数字时代的财务管理新世界 [M]. 北京：中国财政经济出版社，2020.

[11] 张敏，付建华，周钢战. 智能财务基础：数智化时代财务变革实践与趋势（智能财会丛书）[M]. 北京：中国人民大学出版社，2021.

[12] 牛艳芳，王爱国. 智能财务分析可视化（高等学校智能会计系列教材）[M]. 北京：高等教育出版社，2021.

[13] 贾小强,郝宇晓,卢闯.财务共享的智能化升级[M].北京:人民邮电出版社,2020.

[14] 董皓.智能时代财务管理[M].北京:电子工业出版社,2018.

[15] 张庆龙.下一代财务:数字化与智能化[M].北京:中国财政经济出版社,2021.

[16] 卢闯.智能财会丛书 财务共享:理论与实务(智能财会丛书)[M].北京:中国人民大学出版社,2021.

[17] 李克红.人工智能视阈下财务管理研究[M].北京:首都经济贸易大学出版社,2021.

[18] 程平.RPA财务机器人:原理应用与开发(智能财会丛书)[M].北京:中国人民大学出版社,2022.

[19] 陈虎.从新开始:财务共享、财务转型、财务智能化[M].北京:中国财政经济出版社,2017.

[20] 孔祥坤.智能化时代财务管理及其信息化[M].长春:吉林大学出版社,2018.

[21] 孙洁.企业财务危机预警的智能决策方法[M].北京:中国社会科学出版社,2013.

[22] 董艳丽.新时代背景下的财务管理研究[M].长春:吉林人民出版社,2019.

[23] 梁策.智能机器人在企业财务域建设实践[M].北京:地质出版社,2020.

[24] 刘梅玲,黄虎,佟成生,等.智能财务的基本框架与建设思路研究[J].会计研究,2020(3):179-192.

[25] 张庆龙.智能财务的应用场景分析[J].财会月刊,2021(5):19-26.

[26] 陈旭,郑佳雪.智能财务视角下集团型企业财务转型策略研究[J].商业会计,2021(3):23-28.

[27] 刘勤.智能财务中的知识管理与人机协同[J].财会月刊,2021(24):15-19.

[28] 白晓花.智能财务创新实践研究:以A集团为例[J].中国注册会计师,2021(9):87-91.

[29] 李闻一，朱媛媛，刘梅玲.财务共享服务中心服务质量研究[J].会计研究，
2017（4）：59-65，96.

[30] 唐琦，姚晓林，官毅."大智移云"背景下RPA在财务共享中心的应用探
索[J].商业会计，2019（24）：118-121.

[31] 李闻一，于文杰，李菊花.智能财务共享的选择、实现要素和路径[J].会
计之友，2019（8）：115-121.

[32] 程平，王健俊.基于RPA的财务共享服务中心应付账款流程优化研究[J].
会计之友，2018（19）：154-160.

[33] 程平，纪薇.基于RPA的财务共享中心应收管理优化研究[J].会计之友，
2018（15）：153-157.

[34] 程平，张洪霜.基于RPA的财务共享中心税务管理优化研究[J].会计之友，
2018（14）：145-148.

[35] 程平，王文怡.基于RPA的财务共享服务中心费用报销优化研究[J].会计
之友，2018（13）：146-151.

[36] 虞富荣，陈叶明.规则引擎财务机器人技术驱动下的财务共享智能化升级
运用研究——以差旅规则的自动化控制为例[J].商业会计，2021（19）：
98-101.

[37] 柴晓星.智能时代下财务信息化概念框架的构建[J].生产力研究，2019
（10）：145-149，155.

[38] 金宇.大数据背景下会计档案电子化管理的路径优化研究[J].经济问题，
2019（5）：100-104.

[39] 李心地.人工智能在企业财务风险防控中的应用——基于大数据环境[J].
财会通讯，2021（22）：137-142.

[40] 张敏济.基于大数据智能化的财务共享中心运营管理优化研究[D].重庆：
重庆理工大学，2019.

[41] 刘红菊.财务共享模式下基于大数据智能化的Z建筑企业管理会计报告生
成优化研究[D].重庆：重庆理工大学，2019.

[42] 李鑫.基于智能财务的A科研所全面预算管理研究[D].北京：北京交通大
学，2020.

[43] 周静.云南烟草商业系统共享财务中心资金管理问题及对策研究[D].昆明：昆明理工大学，2021.

[44] 郑佳雪.集团型企业智能财务转型的策略与路径研究[D].哈尔滨：哈尔滨商业大学，2021.

[45] 李慧伦.云计算背景下 Z 集团财务共享中心建设研究[D].哈尔滨：哈尔滨商业大学，2017.

[46] 常远.基于商业智能的财务分析系统研究[D].上海：上海国家会计学院，2018.

[47] 林宝容.基于数据挖掘的智能财务决策支持系统研究[D].杭州：杭州电子科技大学，2012.